工业4.0

即将来袭的第四次工业革命

【德】乌尔里希·森德勒（Ulrich Sendler）◎主编

邓敏 李现民◎译

格哈德·鲍姆（Gerhard Baum）
曼弗雷德·布罗伊（Manfred Broy）
胡桉桐（Anton S. Huber）
鲁思沃（Siegfried Russwurm）
霍尔格·伯切丁（Holger Borcherding）
马丁·艾格纳（Martin Eigner）
赫伯特 K. 科勒（Herbert K. Kohler）
马蒂亚斯·施通普弗勒（Matthias Stümpfle）

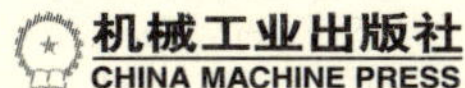
机械工业出版社
CHINA MACHINE PRESS

本书是费尔达芬工业峰会——系统领导2030年的配套用书，主题思想是：从经济和科学的角度，深入探讨怎样才能使中欧工业到2030年仍能保持一个成功的全球生产基地的地位。到2030年，互联网和其他服务联网的系统将使所有行业实现智能化，并取代传统的机械和机电一体化产品服务。本书每个章节都从非常特殊的角度表达了对工业4.0的独特看法，所有这些观点综合在一起可以为我们清淅地勾勒出目前工业产业发展所处岔路口的情形。

Translation from German language edition:
Industrie 4.0
by Ulrich Sendler

北京市版权局著作权合同登记　图字：01 - 2014 - 3238号

图书在版编目（CIP）数据

工业4.0/（德）森德勒（Sendler，U.）主编；邓敏，李现民译. —北京：机械工业出版社，2014.7（2015.4重印）
ISBN 978 - 7 - 111 - 47161 - 5

Ⅰ.①工…　Ⅱ.①森…　②邓…　③李…　Ⅲ.①工业生产—智能控制　Ⅳ.①F406.2

中国版本图书馆CIP数据核字（2014）第130005号

机械工业出版社（北京市百万庄大街22号　邮政编码100037）
责任编辑：余　红　张馨月　　　责任校对：赵　蕊
责任印制：李　洋
北京市四季青双青印刷厂印刷
2015年4月第1版 · 第9次印刷
170mm×240mm · 13印张 · 2插页 · 250千字
标准书号：ISBN 978-7-111-47161-5
定价：45.00元

凡购本书，如有缺页、倒页、脱页，由本社发行部调换

电话服务	网络服务
社服务中心：（010）88361066	教材网：http://www.cmpedu.com
销售一部：（010）68326294	机工官网：http://www.cmpbook.com
销售二部：（010）88379649	机工官博：http://weibo.com/cmp1952
读者购书热线：（010）88379203	**封面无防伪标均为盗版**

作者简介

乌尔里希·森德勒（Ulrich Sendler），生于1951年，毕业于克雷菲尔德市恩斯特·莫里茨·阿恩特人文中学。在经过奥迪公司内卡苏尔姆工厂的模具制造人员培训和位于海尔布隆市的德劳茨模具制造公司的数控编程人员培训之后，进入海尔布隆大学学习精密仪器工程学，并于1985年获得硕士学位。

随后，他在总部位于内卡苏尔姆的科尔本施密特公司CAD系统开发部门任职，再后来成为海德堡CAD-CAM报告杂志的一名编辑。

自1989年以来，他成为虚拟产品开发和产品生命周期管理（PLM）领域的一位独立记者、作家和技术分析师。2009年，海德堡·柏林施普林格出版社出版了由他主编的《产品生命周期管理概论》。此外，他还是费尔达芬工业峰会——系统领导2030年的发起人和组织者。

格哈德·鲍姆（Gerhard Baum）是IBM工业研究院的成员和IBM汽车部门负责欧洲及新兴市场汽车业务的副总裁。

在完成航空航天技术的大学学业后，鲍姆进入奔驰公司，开始了碳纤维技术开发和CAX应用研究的职业生涯。随后他逐渐接管了IBM

德国、欧洲和全世界的销售、解决方案和咨询等领域的领导工作。

格哈德·鲍姆目前的研究重点是先进的交通工具和产业转型。此外，他还是埃斯林根大学工业咨询委员会的成员。

霍尔格·伯切丁（Holger Borcherding）教授曾在汉诺威大学学习电气工程，并于1999年在该大学获得博士学位。直到2003年，他在哈默尔恩市的伦茨驱动系统有限公司任伺服控制器的开发主管。2003年，他被任命为德国莱姆戈市东威斯特法伦—利珀大学的电力电子技术、电力驱动技术和电磁兼容性教授。他与一个由13名科技人员组成的工作团队合作进行电驱动技术和电力电子的电磁兼容性的研究。

从2011年开始，除了教授职位之外，伯切丁教授还接管了驱动和自动化阀门领先者伦茨SE公司创新部门的专业领导工作。他负责协调伦茨SE公司内部和外部的研究工作，并成为伦茨SE公司在标准工作组和行业协会中的代表。

曼弗雷德·布罗伊（Manfred Broy）博士是慕尼黑工业大学计算机科学系软件和系统工程专业的教授。他的主要研究课题是软件在网络世界中的作用。

作为德国国家科学与工程院（acatech）的成员，受德国联邦教育及科研部委托领导异度物理系统的研究，该课题广泛研究了在全球联网的下一阶段异度空间和嵌入式系统的联合可能产生的影响和具备的潜力。

马丁·艾格纳（Martin Eigner）教授于1985年成立了由其担任执行合伙人的EIGNER + PARTNER有限责任公司，并在公司转型为股份制公司后担任了董事长。2001年7月至2003年8月，他担任公司新总部位于马萨诸塞州沃尔瑟姆市（美国）的艾格纳公司董事长兼首席技术官一职。2003年该公司的一部分被出售给美国的Agile公司，2007年公司的剩余部分被出售给美国的ORACLE公司。艾格纳先生于2001年7月成立了ENGINEERING CONSULT咨询公司，并自那时起一直任该公司总经理一职。

在1980年获得卡尔斯鲁厄大学（TU）CAD领域的博士学位后，马丁·艾格纳教授就成为罗伯特·博世有限公司业务部技术数据处理和组织的负责人。在这个职位上，他主要负责技术数据中心（CAD，CAE，工作计划，零件清单，数控等）的工作，还负责电子开发和微处理器应用、合理化（流程，材料和零部件的合理化）、产品许可和产品变更管理方面的工作。

自2004年10月1日起，作为工程博士的他成为凯泽斯劳滕技术大学虚拟产品开发教研室的负责教授。

1979年，胡桉桐（Anton S. Huber）在西门子公司半导体业务部开始了其职业生涯。在从事了各种人员管理和生产线管理方面的工作之后，1989年，他负责收购了美国的本迪克斯电子公司，并承担了随后将该公司整合到西门子汽车LP公司中的管理任务。1991年，胡

桉桐成为了西门子汽车 LP 公司的总裁兼首席执行官，随后又成为巴伐利亚州罗达赫汽车空调系统业务部的负责人。1996 年，他成为了西门子自动化与驱动集团（A&D）过程自动化及仪器业务部门的负责人。胡桉桐领导了西门子所收购的西屋公司与发电部门（KWU）中常规电厂的业务整合工作。

自 1999 年 10 月起，胡桉桐成为了西门子自动化与驱动集团执行委员会成员，并负责研发和生产以及在亚太地区的业务发展。

赫伯特 K. 科勒（Herbert K. Kohler）教授于 1976 年进入了当时的戴姆勒—奔驰公司，并任职于公司工厂的生产规划部门。1982 年，他在斯图加特大学获得了博士学位。

在赫伯特 K. 科勒的领导下，戴姆勒 - 奔驰公司于 1992 年成立了“环境、技术和运输”中心。1993 年，他加入了梅赛德斯—奔驰的开发部门并负责战略性产品的规划管理，该工作他一直做到 1999 年年底。1998 年，他被授予斯图加特大学名誉教授称号。

在从事了产品管理、乘用车销售工作之后，2000 年 10 月科勒教授开始负责车身与动力系统研究所的工作。从 2006 年 8 月至 2009 年 3 月，他负责戴姆勒股份公司新创建部门“车身与动力系统”的集团研究与预开发。2009 年 4 月至 2012 年 4 月，他成为新成立管理部门“电子驱动器和未来交通”在研究和预开发方面的负责人，其中也包括电池驱动的开发。

自 2012 年 5 月起，科勒教授负责戴姆勒集团新成立的研究和预开发管理部门。自 2002 年 3 月起，他成为戴姆勒股份公司的环保全权代表。

鲁思沃（Siegfried Russwurm）教授是西门子公司董事会成员和工业部的首席执行官（CEO）。在完成其制造工程学的大学学习后，鲁思沃教授于1992年作为医疗技术部门的生产计划员和项目负责人进入西门子公司开始了他的职业生涯。随后他在德国和瑞典担任了该公司的众多重要领导职务，其中包括运动控制系统的业务管理职务。

从2006年起，鲁思沃成为了西门子医疗系统集团执行管理层的一员。2008年，他进入西门子股份公司管理委员会，成为领导公司人力资源部门，劳动董事及欧洲、非洲和中东地区分公司负责人的主管。2010年，鲁思沃接管了工业部的领导工作和对企业信息化和企业供应链管理中央机构的监督工作。

马蒂亚斯·施通普弗勒（Matthias Stümpfle），斯图加特大学机电工程硕士学位（专业：通信原理），并在该校通信网络和计算机工程系获得了博士学位（导师是P.J.库恩教授）。施通普弗勒于1997年进入戴姆勒研究所，在帕洛阿尔托（美国）进行世界上第一台互联网汽车的研究。从那时起，他参与了从基于光纤的最新信息娱乐总线到利用后端基础设施的车辆互联网连接解决方案的多个架构项目。

施通普弗勒目前负责戴姆勒公司研发中心的“系统架构和平台”预开发部门。

前　言

到 2030 年，互联网和其他服务联网的系统将使所有行业实现智能化，并取代传统的机械和机电一体化产品。我们必须清楚地认识到，在哪些领域，通过哪些产品和什么样的服务，可以使我们取得成功以及如何才能够做到这一点。

本书试图为这些问题给出一个答案。作者中不仅有虚拟产品开发和计算机科学院系的代表，而且还有自动化工业、电子、中型机械工程、汽车业和软件业等各行业的代表。每个章节都从非常特殊的角度表达了对工业 4.0 的独特看法。所有这些观点综合在一起可以为我们清晰地勾勒出目前工业产业发展所处岔路口的情形。

目　录

第一章

工业4.0：通过系统生命周期管理（SysLM）控制工业的复杂性

乌尔里希·森德勒（Ulrich Sendler）[㊀]

概　述

数年以来，工业界一直处于一场重大而根本性的变革之中。这一变革在德国被称为工业4.0。德国政府已经宣布工业4.0为其高科技战略之核心部分，旨在确保德国未来的工业生产基地的

㊀ 乌尔里希·森德勒
德国慕尼黑，弗兰廷大街12号，邮编80689，电子邮箱：ulrich.sendler@ulrichsendler.de

地位。

变革的核心在于工业、工业产品和服务的全面交叉渗透。这种渗透借助软件，通过在互联网和其他网络上实现产品及服务的网络化而实现。新的产品和服务将伴随这一变化而产生，从而改变整个人类的生活和工作方式，尤其是改变了人类与产品、技术和工艺之间的关系。这也要求工业产品的开发和生产要有根本性的转变和调整，以便高质量地部署新工艺，并使其转化为具有经济上的益处。

为做到这些，工业界必须理解工业 4.0 的细节。诸如“第四次工业革命”“信息物理融合系统（CPS）”“智能技术系统”“物联网”等词汇究竟是什么意思？如何避免这些概念因为可能的滥用而成为空洞的口号？因为空洞的口号会阻碍而不是协助人们达到工业 4.0 的既定目标。

需要澄清的问题包括：工业 4.0 对于作为工业生产基地的德国来说其特殊意义何在？与此同时，展现给欧洲心脏地带——一块曾因十八世纪末的工业革命而在过去两百年的经济中举足轻重的土地——的机遇和风险是什么？

因为我们只拥有常规的开发和生产方法，以及现在的学校课程所培养出的专家，所以对于在一个跨学科的网络化系统中进行开发和生产的组织和领导还太缺乏准备。而这种系统正向市场走来。中学、应用技术性大学和综合性大学面对哪些要求？科研机构面对哪些要求？深造进修所又面对哪些要求？

最后一个问题是，今天为开发、测试和生产而实现的信息技术系统是否足以支持我们现在谈论的这种变化？我们是否还需要些别的东西么？这些系统是否必须结合得更紧密？它们的开放性扮演何种角色？要做到在工厂切实地谈论“数字革命”，有哪些标准是必备的？因此，系统生命周期管理是切实可行的，这种管理实际上包含了产品、生产系统及两者关系的所有元素。

本篇导论将对上述议题做一般性探讨，并在此基础上，来自不同工业领域和科学领域的本书其他作者们将从各自的视角加以详细阐述。

1.1　对一个成功的工业基地的巨大挑战

在过去的几十年里，世界发生了戏剧性的转变。东西方的对应被由经济领头的政治全球化所替代，这在半个世纪前是不可想象的。这一转变给整个世界带来的结果是：国家、工业、政治和社会团体及组织都必须自我调整，以适应变化的框架条件。此外，由于这一转变，新的力量对比开始逐渐形成。上世纪后半叶，从所谓的第三世界里涌现出了全球性的具有决定性力量的政治和经济势力。几十年前，西方世界在政治和经济上的主导角色是不言而喻的，但现在却完全不是这样，西方世界已经长时间无法和当时的地位相提并论了。

每个区域对这种转变的反应都极不相同。就我们所谈论的话题来说，最令人感兴趣的是不同区域的工业是如何随之转变的。德国机械设备制造业联合会（VDMA）2013 年 1 月的一张图（参见图 1.1）相当有启发意义。

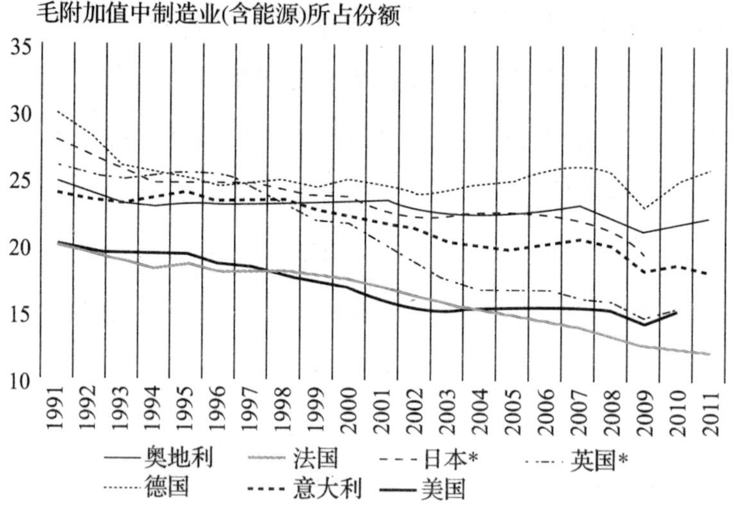

图 1.1　制造业份额的国际间比较（来源：OECD，IW Köln，VDMA）

过去二十年间，在西方主要工业国当中，唯有德国和奥地利在制造业这一部分变化不大。这两个国家在 2011 年就克服了由 2008 年次贷危机所触发的经济崩溃。同样再次出现上升势头的国家只有美国，但仅仅是在一个极低的水平上。

20 世纪 90 年代初以来，德国毛附加值中工业部分占 25% 以上，这一比例在奥地利略低于 25% ，而在所有其他国家则明显向 20% 之下滑动，有的跌到了 10% 。

在过去的二十年间，许多人倾向于认为工业——尤其是制造业——预告了自己的终结。未来看起来属于服务业，特别是金融服务业。人们越来越多地在廉价的地方生产，不再大规模地使用昂贵的工厂设施、建筑、机器以及受过良好训练的工人。

在美国，高科技和软件产业是一个例外。在这个领域里，至少在理念、发展和管理方面，美国可能还将持续保持其领先地位。但对于真正的制造业来说，美国远远算不上领先，这在汽车工业尤为明显。类似情况也发生在英国和法国身上。英国已经完全放弃了汽车工业。美国汽车业在政府强有力的干预下得以存活，但是距离稳妥的上升势头看起来还很遥远。

与此相反，制造业在德语区始终是最重要的经济元素（参见图1.2）。德语区的工业尽可能全面地实现了自动化，而没有大规模外迁到工资和生活成本较低的国家去。今天，和基础的经济及政治重构相结合，到目前为止，我们这里成功做到了开发和生产具有经济效益的产品。然而这种成功不仅仅局限在经济方面：我们作为一个工业国一如既往地在世界上具有重要地位。无数公司和行业的产品都是国际市场上同类产品中的领头者。

工业分组	2010年企业数量	2010年年平均雇员数，单位：千人	2011年	和前一年相比的变化百分比	2010年营业额，单位：十亿欧元㊀	2011年	和前一年相比的变化百分比
机械制造	6.165	908	931	2,5	173	201	15,7
电子技术	4.291	803	842	4,8	159	178	11,9
汽车和汽车配件	1.041	675	694	2,8	248	270	9,0
化工	1.165	278	285	2,3	103	113	9,5
食品工业	5.230	419	426	1,7	120	131	9,0
加工工业	36.485	4.819	4.956	2,9	1.223	1.360	10,3

图1.2 强劲的德国工业（来源：Statistisches Bundesamt，ZVEI，VDMA）

㊀ 1欧元=8.4981人民币。

尽管如此，一些行业仍不得不放弃领先地位，甚至基本上从市场消失，其中包括纺织工业、消费电子产品生产业、若干软件分支产业和集装箱船舶制造业。与此同时，在诸如汽车工业、飞机制造、医疗技术和其他高科技产业等分支内，机器和设备制造达到了一个新的高度，其产品在世界范围内前所未有地畅销。

出现这种现象的原因首先是产品极高的质量和可靠性；其次是产品的许多新用途和功能在全球竞争中显现出很大的优势；最后是基于产品或者作为产品附加值而提供的服务，而这些服务是其他竞争者所没有的。

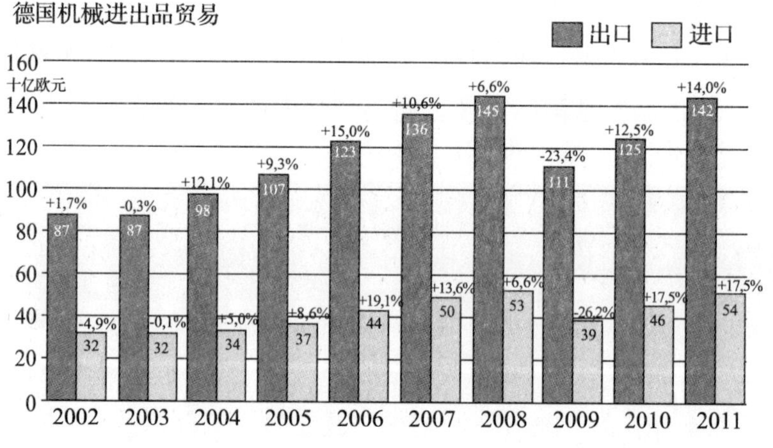

图 1.3　机械进出口比例（来源：Statistisches Bundesamt，VDMA）

我们的工业界是如何做到这些的？一是由于开发和制造过程的高度可靠性，这些过程的自动化程度很高。二是在于极富效率的新技术投入，特别是信息技术工具在工程、产品验证、生产规划、运转和制造上的应用，这也是我们的工业不同于竞争对手的地方。德语区是全球相关信息技术系统供应商最重要的市场是不无道理的。三是得力于在几乎所有种类的产品上熟练地使用嵌入式软件。正是这些革新性的功能和服务，才使得我们的产品在全球如此的畅销（图 1.3）。

与此同时，产品的开发和制造所必需的程序的复杂性也在不断增加。传统的方法、手段和结构不足以稳定地控制这种复杂性。这就解释了工业 4.0 概念在德国提出为什么并非出于巧合。中欧工业界有充分的理由有意识地把他们的程序、方法和工具放到检验台上。在很多情况下，甚至是数十年以来基本保持不变的商业模式也无法保持现状。复杂的、智能的、网络化的技术体系强迫人们找到新的商业模式。

这一挑战涉及整个制造业及其产品的整个生命周期。工业 4.0 的含义并不仅仅是让生产更智能、更有效、更快速以及更经济——那会使人忽略掉我们工业界最重要的资产：工程学，以及工程师们在开发创新性的产品和生产系统时所表现出的非同寻常的能力。工业 4.0 目前在媒体、展会和议会里获得的极大关注有助于战胜这一挑战。

1.2 工业 4.0 的定义

2012 年 10 月，产业经济研究联盟及其工业 4.0 工作小组提交了他们的最终报告草案《确保德国未来的工业基地地位——未来计划“工业 4.0”实施建议》。自此，在各种会议及展会上极少有不谈论工业界眼下所面临的挑战的。讨论中相当频繁地涉及到一些含义不甚明确的概念，在对其作出确切界定之前最好不要使用。

工业 4.0 首先是一个在营销技术角度上来说十分高效的概念，其传播速度快到令人诧异。有人对此大加渲染，突然之间全世界都想告诉你，他们的产品恰好反映了工业 4.0 的理念。因为工业 4.0 而举办了那么多会议，这种情况已经很久没出现过了。

这个概念为什么这么成功？或许是因为它和 Web 2.0 以及 Web 3.0 有相同之处：因为它让人想起某种安装数量极大的软件的新发行版；因为许多人眼里的制造工业是一种以机器、设备、油脂和钢屑为代表的陈旧事物，而现在突然变成了某种恰好符合这个以软件、互联网、机动性和云计算为代表的摩登时代的事物。

这个概念的影响一直到达社会和政治高层，这是有益的，因为工业界应对挑战会因此变得简单一些，而这一挑战实际上是和现今的变革相关联的。同时，这个概念含义不清，有多种解释也并非坏事。麦麸会从麦子上脱落，种子会发芽破土。关于工业 4.0 的争论越多，这一概念明确的一天就会越快到来。

1.2.1 第四次工业革命

根据现在维基百科（Wikipedia）上的解释，工业革命这个概念最早在 18 世纪中期开始使用，用以描述在经济和社会环境、劳动和生活状况上发生的深刻而持久的变革，人类由此从农业社会进入工业社会。

社会学家和经济史专家用第二次工业革命来描述 20 世纪初经济、生产和劳动上的转变，促成这一转变的是密集的机械化、电的广泛使用以及商品大宗生产的出现（泰勒制和福特制）。

20 世纪 70 年代中期，因为可编程逻辑控制器的使用而导致产品和生产自动化产生巨大进步，此即第三次工业革命。

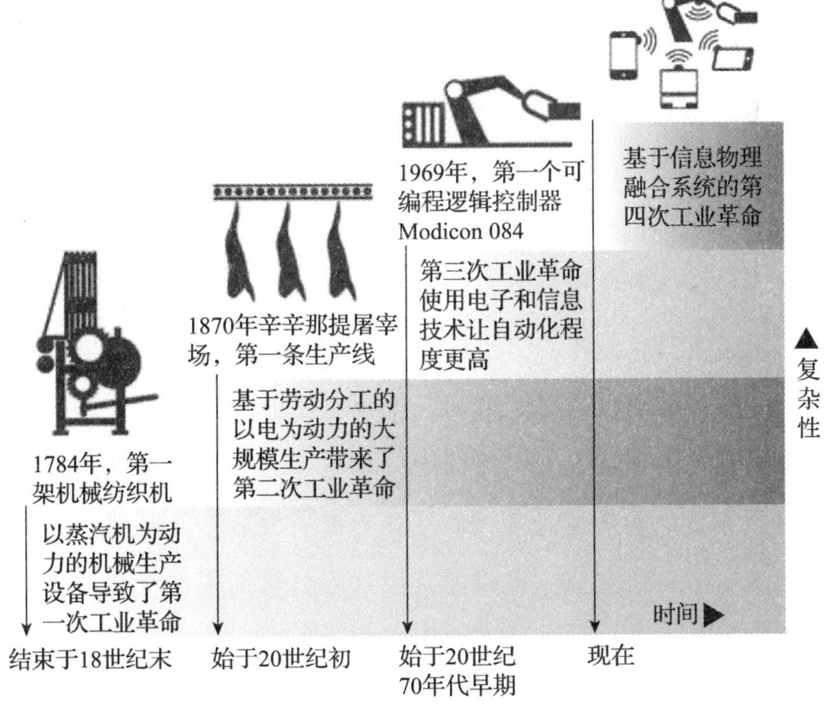

图 1.4　工业 4.0 工作小组描绘的第四次工业革命（来源：DFKI 2011）

现在是第四次工业革命（参照图 1.2）。实际上有很多迹象表明，这次变革有理由被认为是和第二次及第三次工业革命一样具有划时代的意义。软件不再仅仅是为了控制仪器或者执行某步具体的工作程序而编写，也不再仅仅被嵌入产品和生产系统里。产品和服务借助于互联网和其他网络服务，通过软件、电子及环境的结合，生产出全新的产品和服务。越来越多的产品功能无需操作人员介入，也就是说它们可能是自主的。传统产品被具备至今尚不明了的特性的技术系统所替代（图 1.4）。

然而，常被论及的一个问题是：这里使用“革命”这个概念是否理由充足？或者说，如果不说“革命”而说“演化”，会不会显得不太恰当？问这个问题是有道理的，因为可以确定的是，我们正经历其开端的这场变革不会在短期内取得进展，它将延续数十年。而促发这场变革的技术元素并非什么新东西，特别是软件及传感器、执行器等电子器件。它们最迟自第三次工业革命起就存在了，而万维网也有几十年历史了。

但事实是，到现在为止的三次工业革命从开始到结束都经历了几十年。就这点而言，时间跨度不一定能成为反对第四次工业革命概念的论据。人们仍可以就此辩论。对于工业界以及工业基地德国或者中欧来说，这一争论并不像下面这个问题那样具有迫切的现实意义：它们应该如何对待这场公认的根本性变革？应当把它当作是革命性的还是演变性的？

一个国家、一个地区或者一个行业如果不能意识到这场变革的核心以及其中隐藏的潜能，或者没有找到应对之道，那么也许其他新的行业、国家和地区在新技术可能性的基础上会取而代之，获得领先地位。眼下在德国的我们处在一个岔路口上：要么我们认识到这次新技术的机遇，并将其转化成经济上成功的新产品和服务，要么就去冒经济可能长期衰退的风险。

1.2.2 信息物理融合系统，或者“智能技术系统”

信息物理融合系统这个概念首先在美国被提出。2006年年底，美国国家科学基金会（NSF）宣布该系统为国家科研核心课题。信息物理融合系统被定义为由具备物理输入输出且可相互作用的元件组成的网络。它不同于未联网的独立设备，也不同于没有物理输出输入的单纯网络（图1.5）。

从嵌入式系统向信息物理融合系统演化

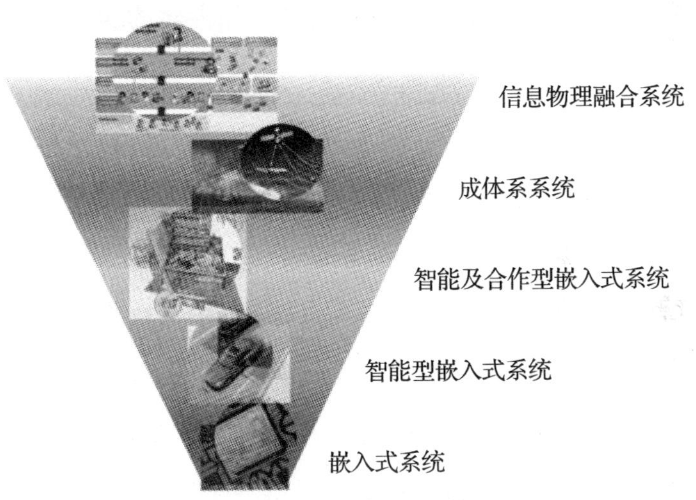

图1.5 向信息物理融合系统演化

（来源：维尔纳·达姆教授，曼弗雷德·布洛伊教授）

网络化合作是机电一体化里面出现过的概念，但是对于电子器件（特别是传感器和执行器）以及配备了机械部件的嵌入式软件之间的网络化合作来说，还需要引入新的概念，因为（无线）网络化使得全新的产品功能和特性成为可能，而这些新事物是机电一体化的定义所不包含的。(这里完全不考虑如下情况：机电一体化的定义中没有出现软件，因为这个定义出现的时候，计算机科学还不存在。)

这种系统有一个最有名、传播最广的例子：智能手机。如果说得幽默一点，智能手机比电话要聪明得多，因为人们虽然也用它来打电话，但是这几乎是智能手机最次要的功能了。它首要的功能是建立和互联网的无线连接。借此人们可以上网冲浪，以及在路途上保持万维网内的互动。人们还可以在任何地方撰写、发送和收取邮件。通过 GPS，智能手机可以知道自己在地球上的位置，由此可以在几乎任何地方导航。此外内建的微型罗盘使得智能手机得知自己所在方向，为诸如定位和识别某方向上的地点或建筑等提供了可能。成千上百种被称为 App 的小型软件供人下载使用，这些软件可以实现几乎所有想得到的功能。

电子器件微型化、计算机及存储介质的性能飞跃使得现在的小体积和无线功能成为可能，而这些在几年前还不可能。在几乎所有工业领域开发和制造这类系统就是工业 4.0 的目标。

信息物理融合系统这个概念尚和新系统的本质有关，而“智能技术系统”的提法就更显大胆了。它把系统新的能力阐释为“智能的”——这个形容词基本上只能用于有思想、有创造力的人类自身。所有的技术系统，包括那些最复杂的，都仅仅是人类智能的结果。它们能做的事都是人类已经设计和发明出来的。从这个意义上来讲，那些最先进的技术系统也完全谈不上是智能的。

尽管如此，这个概念仍有其一定的合理性。由于各种技术系统的网络化，尤其是通过它们在无人介入的情况下自主执行某些功能的特性，常会令人产生它们已具备令人惊讶的某些智能的感受。智能手机或者汽车通过GPS“知道”自己在哪里。通过内置微型相机和传感器，一个系统可以“辨认出”另一个系统。通过优秀的程序化控制，一个系统能独立地对外界条件作出反应，也能做到“自适应”——更确切地说，就是在一定程度上优化自己的行为。符合词汇本意的智能是不存在的，但是网络化系统的能力正逐渐接近人类的能力，以往没有任何科技能做到这一点。

1.2.3 物与服务联网

物联网这个概念大概出现在十年前，由盎格鲁撒克逊词汇“Internet of Things（IoT）”翻译而来。把服务加进去就成为物与服务联网（Internet of Things & Services，IoTS）。

这代表着互联网发展的一个新阶段。起初，互联网提供了个人之间联系的一种新可能。人们通过计算机彼此联网，Web 2.0由此打开了互动的大门，也随即打开了任意多人构成的社交网络的大门。最终互联网用到了移动终端，从而使人不再局限于电脑旁。现在新的一步是，联网的不再是传统意义上的计算机（包括移动终端在内），而是具备万维网接口的任意设备。

尽管十年前这在技术上就已经是可行的了，但是这一概念却没有真正火起来。人们在寻找一种途径，使得设备乃至服务的关联能够转化为成功的商业模式。但是在短时间内我们的商业界并没有被电子商务改变多少，IoTS也没什么进展。物、设备、机器以及它们的制造者还没走到这一步。

现在这一概念获得了新的发展机遇。难道工业 4.0 没有准确体现 IoTS 所要表达的东西吗？它正是 IoTS 所要表达的含义的一部分。对于这个回答，制造工业应该加以重视，也必须加以重视。此后明确的是，将来各种产品和服务都属于这样的物和服务——它们实际上都配备一个 IP 地址，并能够通过标准协议彼此联网，同时也和人类联网。这和十年前的情形不同。

就在六年前，在汉诺威展会的数码工业展上，主办方想做一个重点是“基于信息技术的服务”的陈列，但是没有成功。相对于产品而言，没有几家公司能做到让软件控制的服务扮演重要的角色，能供展出的东西很少。而 2013 年的汉诺威展会情形就完全不同。这一年的展会成为工业 4.0 工作小组向联邦总理呈交最终工作报告的地方。那次展会还发生了一件史无前例的事：联邦信息经济通信和新媒体协会（BITKOM）、德国机械设备制造业联合会（VDMA）以及电子和电气工业中央协会（ZVEI）联合布置了工业 4.0 展台并向公众开放。汉诺威展会成为一个众多参展者的平台，这些参展者来自不同的主要展会，并且都关注工业 4.0。现在物与服务联网的时机已经成熟。

1.2.4 机器对机器（M2M）通信

同物与服务联网紧密相关的概念可以被用来描述设备和服务之间的通信。机器对机器（M2M）通信指的是终端设备之间的数据交换。这也是一个早就出现的概念。七年以来 M2M 联盟都在组织 M2M 峰会。2012 年峰会在杜塞尔多夫会议中心举办，747 名专业人士、45 家参展者和 11 家赞助商参加了此次峰会。

工业 4.0 的概念在德国产生并非偶然，同样，M2M 联盟在德国建立也并非偶然。这一联盟是世界上相关生产者组成的最大社团。因为终端和机器之间的通信不依赖于通过互联网的网络化，因此 M2M 在实际工业中较早确立了地位。这种通信通过电缆和传统的电路也可以顺利进行。

与自动化一样，这种通信并非新鲜事物。没有它的话，机器人流水线和计算机控制的制造中心就不可能存在。中欧——特别是德国——在自动化方面地位突出。它们或许可以在 M2M 方面赢得领导地位。

在此基础上工业 4.0 添加了由无线服务和标准协议所建立的网络化。它们或许迟早会成为机器间重要的——倘若不是最重要的——通信渠道。因此这些行业联盟峰会远远没有达到高潮并不能算是让人惊讶的事（图 1.6）。

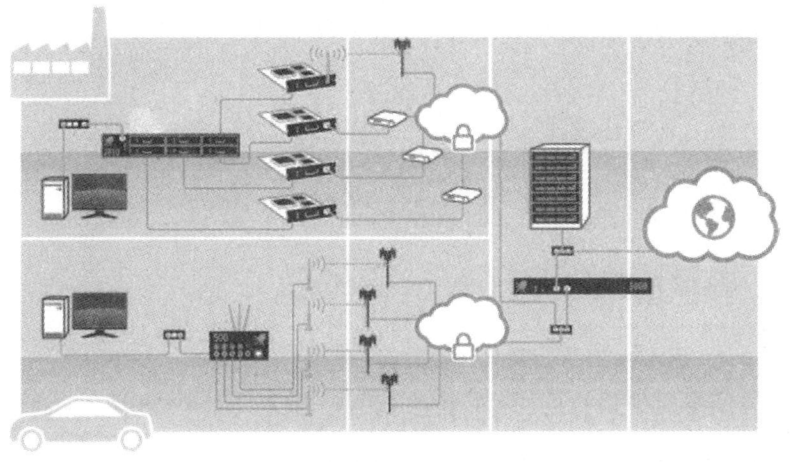

图 1.6 机器对机器（M2M）通信（来源：Viprinet Europe GmbH）

有一些涉及 M2M 所使用的标准的问题需要澄清。将会出现一种还是几种标准？会是哪个或者哪些标准？从一种协议转换为其他协议的接口是通向未来的道路吗？当机器在某些时候不经人工介入而彼此通信，并触发可能包含重大危机和风险的行为时，哪些安全保障是必需的？哪些是可能做到的？M2M 和物与服务联网很自然地给网络供应商和基础设施提供方带来巨大挑战。只有当数据真正做到处处实时流动时才会发生些什么。对全世界来说都是这样！

1.3 对战略及商业模式的挑战

从事制造业的企业始终面临一个任务：反思自己的战略，可能还要做根本调整。工业 4.0 迫使几乎所有公司都要这样做。涉及到的不同视角的战略和商业模式太多，因此光靠小调整是不够的。

使得智能网络系统成为可能的这些新功能，可以把企业供应的重点从产品转向服务。无论如何，相比于现在，服务在未来都将在供应中扮演极为重要的角色。

管理层必须决定应该要哪些类别的产品，以及通过或者围绕这些产品提供哪些服务。在这里所有的服务种类都是可能的：从伴随产品的服务和补充性的服务，到基于产品同时成为主要供给物的服务，直至根本和硬件产品无关的服务。

最重要的战略性决定大概会是这样的：公司要始终能在短期

内准确而可靠地作出战略评定，因为产品里软件的优先级使得市场和产品变化比以往任何时候都快。

服务相对于硬件产品的角色必须确定。不仅如此，作为目前工业革新主要驱动者的软件自身，也可以和服务一样成为主角。企业应该、可以、还是必须部分乃至完全成为软件供应商？或者说，软件有没有重要到必须为它建一个子公司？

就表面上看，现代科技给我们提供了无限可能。任何事、每件事在技术上都是可行的。由此产生的基本问题是：什么是有意义的？什么是无用的？对于从事制造业的企业决策者来说还有个附加问题：哪类产品或者服务在经济上是可能成功的？哪些会失败？更深一步的问题：构想的产品和服务通过哪种商业模式能获得经济上的最大成功？哪些模式会给企业带来危险？

没有人必须卷入这类问题和挑战。每个人都有权等待，直到他看到市场上有哪些在自己供货范围内的产品和服务获得承认为止。当然这样不可避免地要放弃市场优先地位，因为这个地位属于那些最早在市场上提供正确商品的企业。

接踵而来的麻烦是，不久之前还适用于工业界的寻找战略和设计资产组合的方法，对于工业 4.0 来说却不再有效。软件将决定未来产品的几乎所有功能，就这点来说，产品战略以及企业战略也一定越来越依赖于软件的开发。测试、尝试设计顾客可能会喜欢的东西，建造可以用来实验的虚拟原型。这意味着不仅是产品和服务，就连企业战略和商业模式的日常议程也有根本的转变。企业需要的是一位敢于率先面对这种挑战的领导者。

1.4 对企业组织的挑战

工业企业的结构的形成要花费数年或数十年时间。由此产生了等级分层和责任。如果一家企业办得成功，会有越来越多的人被纳入到分层和责任里来。这种组织构架一般极少发生根本性变动，即便发生也通常只是在个别部门。一个产品部门独立出去或者被添加进来；一个或多个分层被加入或取消；建立或者删减针对某个特定工作范围的管理职责。

工业 4.0 把如下任务放在几乎所有企业面前：同时在多方面调整现有结构。必须发展跨学科的体系，而其障碍是传统的组织间的隔离以及专业的领导。发展这样的体系必须找到迄今还很少见的规划结构。今天，还只有少数大型垄断组织具备对系统工程的负责能力，未来几乎任何组织都必须具备这种能力。

2012 年 11 月，作为国际系统工程会议（INCOSE）德国分部的系统工程协会（GfSE）在帕特波恩召开了首届系统工程代表大会（TdSE），这并不是巧合。OWL（东威斯特法伦—利普智能技术系统）是迄今为止唯一的一个以系统工程为核心主题的工业尖端集群。在这个集群里，以中小型自动化、电气及电子技术企业为主的多家企业在联合工作。

这表明特定专业领域不复存在了吗？或者说这意味着构成了矩阵式组织结构的一种新形式吗？直到今天也没有人能给出有效

回答。所有的预言家都对此保持缄默。大多数专家仅在这一问题上达成一致：现在的结构不适合未来的产品和服务。另一个为多数专家所同意的问题是：和功能结构相比，目前在所有组织中处于中心地位的产品及部件结构的重要性将减弱。但对于单个企业来说这是正确的吗？答案是开放的。

对企业组织来说可能还有一个更有意义的问题：如何才能改变目前这种开发、实验、生产规划、制造和服务相分离的局面？长时间以来这种相互分离的局面对于旧式机器、设备和产品来说都是正确的，因为那里关注的是零部件之间的优化协作。现在功能的重要性越来越大。硬件成为功能所必须的平台或者外壳。这对于德国企业来说非常有利，因为在这点上它们在许多方面都是世界第一。但是在产品生产前功能肯定还会有改动。如果产品早已交付或者被使用，那么功能也还必须能够经常改变。哪些组织结构能适应这些？什么东西是必须改变的？迄今为止那些主要是按照顺序行动的部门如何才能平行工作并且同步优化？

唯一确定的是，仍然只有软件和网络化能解决这些问题。到现在仍处于大规模分隔状态的部门必须做到数据的流通，而且是双向流通，只有这样企业可以依靠共有数据来实现逐步改变。

1.5　对过程管理的挑战

中欧的工业界出色地把开发和制造现代机电一体化产品所必

需的工作注入商业程序中，而这些程序在许多企业大都已经被标准化了。倘若不是这样，由于产品及必要的相关流程的复杂性不断增加，在国际市场上的卓越地位便不可能保持。

在这些程序里，软件自过去几十年来就一直扮演重要角色，尤其是产品中的嵌入式软件。开发和集成的软件数量到达某个点时，工作本身会发生质变。几乎所有公司最终都会到达一个点，在这个点上软件不再是一种添加进来并且必须重视的东西，而是简单明了地成为主角。其他任何东西都和软件有关，甚至都由软件所决定。

当工业 4.0 把越来越多的产品通过自身 IP 地址和互联网或其他产品联网时，情况更是如此。这在精心制定并且标准化的过程里是未加考虑的。对此没有要求。如何领会和描述对这种产品系统的相关要求，如何才能通过产品的开发和实现追踪这些要求，这和那些关于未来企业组织的问题一样重要。企业必须面对这一问题。

过程必须更加灵活，对每种转变都容易适应，不呆板，没有约束。若要比现在更好的话，程序的步骤必须按顺序联网，形成一个通用的链条。这个链条包括了整个产品生命周期。

1.6 对方法和工具的挑战

电子学、自动化、机电一体化和嵌入式软件都催生了新式工具。过去十年以来，在关于开发、制造和使用的信息技术工具的开发中，越来越多的专业领域转向基于模型的工作。比如软件和系统工程的过程建模，硬件和机械的三维模型，以及电子和系统的功能和逻辑模型。未来的智能网络化系统还要把这种专业的、基于模型的工作继续拓展下去。

网络化系统必须能够根据功能来模型化。由此产生的模型必须是所有专业领域、所有专家都能阅读、理解并且使用的。现在的模型还做不到这些。通常来说这种创造仅仅是在其专业领域内部才能被获得和使用，甚至多数时候仅限制于创造它们的公司部门内部。

很多这方面的工作都在进行。研究所和大学在制订草案，做试验性开发。工业信息技术制造商忙于相关的模型、概念和工具。关于这些，本书的很多文章里都有令人印象深刻的证实。

除合适的模型外，还有第二个对工具的重大挑战：系统数据管理。因为在这件事上也形成了数据堡垒。堡垒中的内容对于企业里的其他人或者合作伙伴来说很难得到。

在产品系统的开发过程中，尤其是在其可能很长的上市时间里，必须始终配备以新的作用和功能。这也要求有一个整体性的数据管理。这和我们已经在组织及生产过程部分所读到过的一样。局限在机械和电子机械产品结构上的产品数据管理还不够。包含软件数据在内的产品生命周期管理（PLM）是绝对必要的。

到现在为止，产品生命周期管理主要是机械产品开发的领地。软件没有包含在内，对需求、产品乃至系统的结构和概念的描述尚未着手，而当功能被列入数据管理时，它们大都隶属于产品组件之下。

为了强调数据管理的根本性转变，特别是为了把所有参与开发和生产的部门纳入这一转变，编者去年引入了系统生命周期管理（SysLM）这一概念。人们是否以此称呼相应的工具，或者说系统生命周期管理是否正好是 PLM 软件工具要执行的任务，并不是关键。关键的是，工业界应尽快拥有相应的工具。

1.7 工业复杂性：从挑战到竞争优势

近几十年里，技术开发面临的最大挑战是产品乃至系统无限增加的复杂性。与此同时，这还导致开发和制造的工业过程的复杂性也倾向于无限增加。在今天，虽然儿童可以通过母语来操控至少一个终端设备最基本的功能，但是几乎所有产品的开发和生产都显得越来越难以控制。

目前，中欧的工程学在这方面却是居于领先地位的。没有哪个地方能像中欧这样把嵌入式软件和各类不同的产品结合得如此之好，在不同领域以很大优势领先国际市场的企业出奇的多，原因是他们比任何其他人都能更好地把软件和电子机械结合起来。这种优势地位建立在中欧工业界 50 年来习得的能力、方法和过程上（图 1.7）。

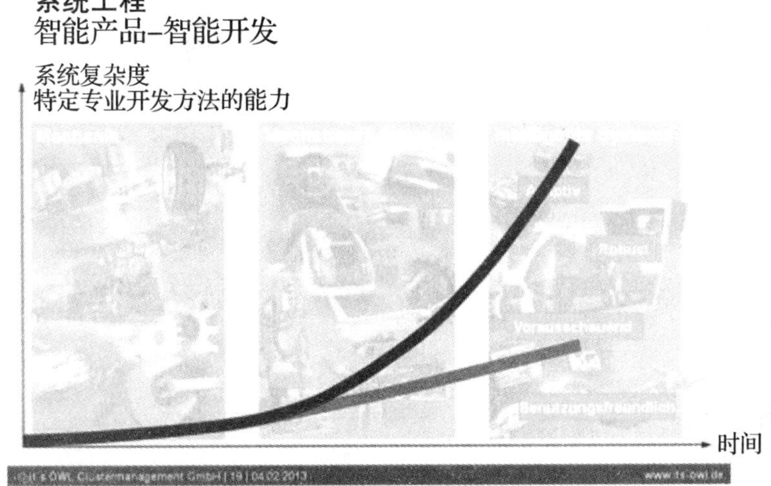

图 1.7　增大的复杂性的要求

（来源：东威斯特法伦—利普智能技术系统尖端研究小组）

可以预见的是，长期来看这种优势地位是不确定的。不过当工业界使自己的能力、方法、过程以及商业模式成功地适应了网络化的、由软件操控的系统时，在保持甚至扩大优势地位方面显然就具备了很好的条件。

如果成功地完成了这一根本转变过程，原先看起来似乎难以应对的挑战甚至可以发展成全球性的竞争优势。那么来自中欧的产品和系统占据市场的原因不但有高质量、耐用性以及环境适应能力，还将包括多专业合作开发和建造系统时的安全性。倘若如此，我们的企业的产品除了很好的功能外，在复杂性方面也将获得全球范围内的成功，因为我们把最复杂的过程处理得如此简单，像是毫不费力就可以完成似的。这只是表面现象，只是因为我们的工程师学习了如何控制复杂过程，才能如此顺利地进行。

人们将面临的挑战基本上是：把现在的手持设备操作的简单性尽可能多地转移到工业开发和生产的过程及产品上去。这通常被称为简单的复杂（Simplexity）。

1.8 因为新的系统需要我们另一种教育和继续教育

近年来，任何产品中包含了软件和无线网络的领域都明显缺乏优秀的机械、电子和计算机工程师。处理多学科合作的能力越来越重要。目前企业使用的人，都是已经具有跨学科经验，或者是曾被挑选做过这样的交替性工作：在某个项目中被指派为机械方面的主要角色，而在另一个项目中则被指派处理计算机问题。目前为止所建立的系统工程学主要用在航空航天器制造方面。从上面的观点来看，这种系统工程学也是另一种专门学科，对外行的封闭程度不亚于计算机和机械。

现在，综合大学和应用科技大学培养开发及生产工程师的任务是划分在不同科系里的，而这种划分标准又是根据上世纪的工业需求制定的。20 世纪六七十年代时增加了计算机科学系。最近几十年若干大学建立了机电一体化研究所。系统工程学方面也出现了高校课程和系所，有一部分是企业组织的进修。

在过去几十年，不断专业化的过程中缺少这样一种教育：理解全局，能领导和负责一个复杂技术系统的开发。这也许不是一个关于新的科系或者新的大学专业的问题，而实际上是一个现存科系及专业彼此渗透贯穿的问题。

学生们应该可以根据多个科系的课程编排自己的学习计划，学习一些计算机课程、机械课程、企业经济学或者生产技术课程。现在的综合大学和应用技术大学的结构还做不到这些。现在的高校结构提供专业人才，学生刚刚工作时职业生涯就被绑定在某专业领域的情况看起来并不少见。

除了更加自由的课程计划外，综合不同科系的研究项目也应该有所帮助，遗憾的是这种项目还很罕见。如果能和其他系的学生一道为一个跨学科系统工作，这将是对学业的一个极好补充。最终培养出的毕业生为在工业界工作做好了准备。这里所说的工业，其核心在于智能联网系统的开发和制造。

工业界必须向科学界和政治界言明，为了未来的产品他们需要什么。工业界自己也可为此做些实际贡献，原因是无法肯定国立机构能否很快地为职业再教育做出相应的转变。这里工业界可以凭借新的进修方式走在前面，并且举例说明哪些可以成为自然科学教育的组成部分。

最后是那些工业界和科学、研究机构合作的研究项目。这些项目考察和测试新的方法、工具、操作程序和模型，以寻找应对上述挑战的进一步可能及总体方法。如果是单独一家企业去做，几乎不会有什么成果。正是这些计划可以向政界证明支持它们的意义，联邦政府对工业4.0的支持就是一个证明。

1.9 展望

讨论已经开始。对于参与其中的每个人来说，一方面感到焦急，因为还有这么多问题没有答案——就像在本篇导论里提出的问题一样；而另一方面则要求每个人都非常彻底和仔细地思考这一连串的问题，不要大肆炒作，不要市场营销的喧嚣。这种喧嚣会在短暂的高涨后瓦解，而面对实际挑战的工业界则被冷落在一边。

更确切地说，这本书尝试的是表述面临的问题，而不是给出解答。费尔达芬工业峰会是这类议题的第一次高层会谈，最后也是总结问题，而不是给出已知答案。

在中欧，这个话题有充分理由被赋予德语名称“工业 4.0”(Industrie 4.0)。此话题过于复杂，不可能通过一次尝试就解决所有问题。如果本书和工业峰会能做到传递启发性思维，同时把辩论向更深更广的方向引导，那已是非常成功了。

工业峰会应该被当作一个起点，而不是单独性事件，过后所有人又回归旧的结构照老办法行事。它可能是德语区制造工业先驱者的催化剂。这一催化剂既释放能量，也聚集能量。峰会可以成为一个定期召开的经济、科学和社会高层会谈的序曲。峰会也可能催生关注特定工业的分组——对特定工业来说工业 4.0 有各自不同的含义和要求。这里列举几个特殊的行业名称：汽车制造、飞机制造、机械及设备制造以及医疗技术。

联邦信息经济通信和新媒体协会（BITKOM）、德国机械设备制造业联合会（VDMA）以及电子和电气工业中央协会（ZVEI）已经建立了联合办事处。这是往正确方向迈出的一步。人们必须证明，这一步是否足够。工业界肯定需要一种组织形式，以便在确定的方向上全力支持工业的发展。在费尔达芬举办的峰会是一个交流意见的好机会。

第二章

软件：工业的未来

鲁思沃（Siegfried Russwurm）[㊀]

概　论

工业企业欲在未来长期保持竞争优势，必须做好三件事：提高生产力、加强节能高效，提高生产灵活性。只有这样，才能降低成本；缩短产品上市时间，并通过提高产品的种类，扩大需求；满足个性化的生产需求。为实现高度灵活的规模化生产，对客户和合作伙伴能够在日益复杂的价值创造链条中进行高效资源

㊀ 鲁思沃（✉），西门子股份公司管理委员会成员，德国爱尔兰根西门子大街50号，邮编91052，电子邮箱：siegfried. russwurm@ siemens. com

优化，使生产和服务形成更加紧密的连接，工业企业还需要高效的生产和运营。

经过了几十年发展的制造业，如今正面临着产业模式的转变。随着制造业中虚拟与现实的交互性不断加强，生产方式必将因工业 IT 和软件技术的应用而发生根本性的改变。功能性工业软件的智能应用和研发，将无疑成为了影响制造业和过程工业发展的一个决定性因素。这些行业现有的发展态势，已经证明了这一点。

一个企业乃至一个行业的未来，越来越不取决于工厂本身。相反，软件工程师的地位变得越来越重要。是他们使生产工序间有了交互性，这种交互性不只作用于生产层面，还作用于业务层面，例如：工程师所承担的一部分工作，将企业和企业外部组织连接在了一起。通过工业软件，实现了虚拟与现实的交互，显著提高了生产力。因此，工业软件也就成为了未来制造业研究的重要课题。

2.1 工业领域在全球化市场竞争中的挑战

在过去很长一段时间里，世界工业格局的划分已经基本完成：高科技产业在西方国家发展并不断完善，这一事实毋庸置疑。而那些简单的加工产品，即使是在发达国家出售，也是在低收入国家、特别是亚洲国家生产的。“高精尖”产品的创新周期具备可规划的特点，其产品上市时间也可预见。当批量生产时，产品本身的特点会减少。无论是规模经济（Economies of Scale，通过批量生产降低成本），还是范围经济（Economies of Scope，通过产品组合获得成本协同效益）的原理都已得到了验证。但对于中小型企业来说，大多数只能接到小批量订单。

以前提高生产力的方法主要有以下手段：优化现有流程、提高制造业的自动化程度、改进设计、降低劳动成本以及完善供应链管理模式。随着经济全球化，特别是在资源严重短缺和技术不断进步的背景下，提高生产力的方法有了根本性的转变。在过去60年中，全球贸易量增长了20多倍。全球化是把双刃剑：一方面，工业企业有机会获得更大的市场，从而从中获得更大的利润；另一方面，全球化也就意味着企业将面临更加激烈的国际竞争。价格更低、品质更好、效率更高，这三点加在一起就是现代企业需要一直要追逐的目标。当前的企业价值链，已远远超越了地区界限。它跨越了国家甚至是时区的界限。在激烈的国际竞争下，企业要不断地改进生产，其商业运作模式的复杂性也在日益增加。

汽车制造业就是商业模式改变最明显的实例：目前汽车制造业产值占工业生产总产值的35%。据奥纬企业咨询公司和汽车行业协会的一份调查表明，到2025年，制造业的产值将减少五分之一，降至29%。而研发环节的产值将会从现在的60%降至47%，当然这其中设计服务领域的产值反而会增长将近一倍，从现在的9%增长到17%。这条产业链中各个环节的协作也会发生明显的转变。甚至，这条产业链自身也会发生变化：除了如今沿产业链上各个环节业务布局的纵向集成外，还包括了从设计、生产、组装、分销、销售到服务的业务流程间的横向集成发展。

在这条产业链中，已经不再是某个企业内部的数据交换了，而是通过跨企业的数据交换来实现潜力的优化。并且可以预见的是，今后的终端客户可以更加直接地参与产品工程及设计。因此，这条产业价值链的管理也会变得更加复杂。

在未来，我们面临的另一项挑战是：产品种类的增多。假设，现在某人想订购一台福特皮卡 F150。他大约有 16 种部件组合可供选择。但当有一天可以使用 6540 亿个零部件，组合成一辆福特 F150 时，将会怎样呢？零部件种类的增加是产品样式增加的直接原因。从 1990 年初开始计算，德国豪华汽车品牌的制造商，平均一年每个品牌生产的汽车款式大约是 7 到 8 款，这个数字在 2012 年时就已经翻了将近 2 倍：仅奥迪、宝马和奔驰三个品牌 2012 年在德国地区就推出了 66 款汽车。大众集团在世界 100 个地方推出了将近 280 款汽车。据德国杜伊斯堡汽车研究中心预测，2015 年汽车款式将增加至 415 款，比 1995 年增加了将近 200 款。与此同时，从 2000 年起汽车款式的平均寿命周期几乎缩短了一半——从 8 年缩短到 4 年。1974 年，大众品牌推出了他们的第一款高尔夫汽车，从那年起这款车生产了将近 10 年，直至 1983 年停产。而就在 2012 年，高尔夫七系替了仅仅生产了五年的高尔夫六系。整个行业的研发时间，从设计到投产缩短了整整三分之一。

除了汽车制造业外，其他行业的发展同样如此迅速：中国的计算机品牌联想仅用了 3 个月的时间就开发出了他们旗下一款智能手机。在 2012 年，中国共有 42 款新手机问世。消费品行业中，汉高集团生产的清洁产品有 42% 的投产时间都不到三年。与此同时，该集团的旗下品牌，碧浪、宝莹、施普雷和白黎斯总共推出了 37 款产品。它们利用众多的产品种类，打败了对手。产品种类的增加和研发周期的减少成为了所有行业的发展趋势。与此同时，这种趋势带动了企业成本的变化并令企业内部结构更加复杂。

伴随着这些巨大的发展变化——增高的成本压力、激烈的竞争、更加复杂的价值创造网络、更多的品种、较短的研发时间以及产品上市时间。社会和国民经济也在改变：在过去的 15 年里，许多政府都在加大对第三产业的投入。但新经济泡沫的幻灭和经济危机使政治家和企业家们认识到，强大的工业是保证就业率、经济稳定增长、社会和平、公民幸福的重要保障；也正是强有力的工业才促使了服务业的发展。因此，许多西方国家纷纷回归制造业，在全球范围内大规模的数十亿资金项目开始启动。

因为国际工资成本的上涨，以上所说的这种“产业回归”是有益的。据波士顿咨询公司称，中国的工资成本平均每年上涨 19%。如果不考虑一些企业管理类的相关因素，如短途运输、海关手续、质量保证等，美国一些地方的工资水平与中国相比也只高出 7%。但就总成本而言，工资成本所占份额也在下降。其原因是自动化程度的提高，特别是在高品质商品的生产过程中，劳动力成本在产品生产的总价值方面所占比例越来越少。

这个原理也同样说明了，为什么相对于高精尖的产品，那些对于科技含量要求不高的产品，即使在体积、重量上超过前者，其价值却远少于前者。运输成本份额在产品总份额中的比例还是相当大的。假设生产商将其产品生产场地设置在产品投放产地附近，虽然能减少一定的运输成本，但却分散了生产且增加了生产的复杂性。丹麦玩具品牌乐高的产品策略就说明了这一点：乐高把在北美市场投放的玩具生产基地设在了墨西哥，而面对一个十分繁荣的亚洲市场，乐高也只不过计划在 2017 年，在中国嘉兴的工厂招收大约 2000 名工人。

2.2 软件对未来生产的作用

无论是玩具生产商、汽车制造商、机械工程制造商、饮料行业，还是化工和电子行业，虽然他们各自面临的行业挑战不同，但相同的是：他们都需提高自己的生产力、生产效率、生产灵活性以及生产复杂性的管理能力。

为了实现这个目标，制造业的产品自动化必须从其局部自动化开始，并建立起一个明确的机制。在一个现代化工厂里，产品零部件、工具、运输箱、机器等每一个环节都配备有传感器和通信设备，以便进行数据交换和业务沟通。这种全面的信息自动化代表了当前最先进的制造业水平。为进一步优化生产，企业需按以下顺序不断改进工业流程：产品设计、生产规划、生产工程、生产实施以及生产服务。其中，服务环节还包括：产品维修及维护，以及节能环保服务等。

以上各个环节跨越的地区、国家乃至时区越多，其优化的难度就越大。为了保证企业的长期竞争力，企业的整体优化是必不可少的。因此，企业就需要一个全新的软件系统，并覆盖整个产品生命周期：从最初的产品设计理念，到生产和物流，再到运行与服务（见图 2.1）。

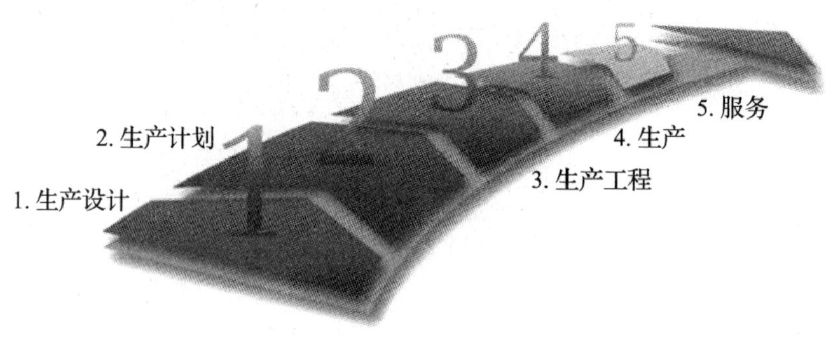

图 2.1　生产流程（来源：西门子）

由于产品研发与生产过程是一个统一的整体，工业企业必须要考虑到产品每一个环节的生命周期成本。功能强大的硬件只有靠新兴工业软件作为支撑，才能使自动化和驱动技术产生根本的革新进步。

工业行业正在面临着全面的产品研发数字化——这种数字

化涵盖了几乎所有的生产流程。由于虚拟与现实世界不断交互融合，所以企业需要从新的角度来思考生产方法的改进措施。工程数据可以直接转化到生产过程中；相反，生产信息也可以直接作用于优化产品研发及生产过程的上游工序中，也就是将所有的数据都整合进唯一的数据库中。这种把产品和产品生命周期中每一个环节优化整合的软件，已经被推广到了各个工业领域，并正在飞速的发展中。在这种数字化组织中，不仅产品设计可以通过计算机完成，就连其制造过程都需要使用计算机。利用产品生命周期管理软件（PLM）和自动化软件技术，可以大大提高企业的生产力和竞争力。一个新产品的上市时间可以因此减少50%。也就是说，利用同样的资源与能源成本可以生产出更加优质的产品。

2.2.1 软件对产品设计的作用

软件可以用于价值创造链的所有环节。在产品设计中，您可以应用产品生命周期管理软件（PLM），在计算机上进行虚拟的产品设备测试，以达到在不需要实物的情况下，优化产品设计。数字虚拟化可以模拟出高精尖设备研发所需要的自然环境。例如，2012年8月此项技术被用于火星探测器的研发与制造全程：喷气推进实验室（JPL）为美国航空航天局（NASA）配备了一款西门子产品生命周期管理（PLM）软件NX，用于数字化仿真及虚拟装配，从而实现各个组件及其接口的测试。

图 2.2 火星探测器（版权 NASA/JPL—加州理工学院）

这款软件还可以应用在汽车行业：可显著缩短产品上市时间，大幅提高灵活性。比如，戴姆勒公司将 NX 软件首先应用于其旗下汽车和卡车的研发部门。随后，戴姆勒集团为其超过 20 个研发中心和最主要的供应商，都配备了这种新型研发平台（见图 2.2）。

2.2.2 软件对生产规划的作用

从大众品牌改造一条汽车冲压生产线的案例，就可以看出软件在生产规划中的作用。大众汽车改造一条已经使用了 17 年之久的冲压生产线时，将产品生命周期管理软件（PLM）与其自动化软件相结合，使得改造时间有了明显的减少：在早期改造生产线的规划阶段，为提高生产效率，可以使用冲压线仿真软件，模拟出现有机器和处理设备，再对其进行优化。为了将冲压件的模拟程序做到最精确，在使用仿真软件的时候，还需要配合使用运动控制软件（Motion Control Software）。运动控制软件除可用于虚拟环境外，还可用于现实操作中。使用这种技术，在完成最后冲压线改造工程之后，经计算实现节能35%，每分钟冲程数可由14次提高至16次，生产力明显提高。虽然表面上看，这2个冲程数并不起眼，但放在每个班次上所提升的效率是相当可观的。

2.2.3 软件对生产工程的作用

数字化规划和生产流程向实际工程环境转化时，会涉及到不同生产自动化和产品设计软件模块间的相互协同。只有实现运行、机械和工序之间的最佳工作流，以及各个系统之间的无缝通信，才能显著提高生产力，使企业自身、客户和终端用户均受益（见图2.3）。

图2.3 人体膝关节植入体（来源：西门子）

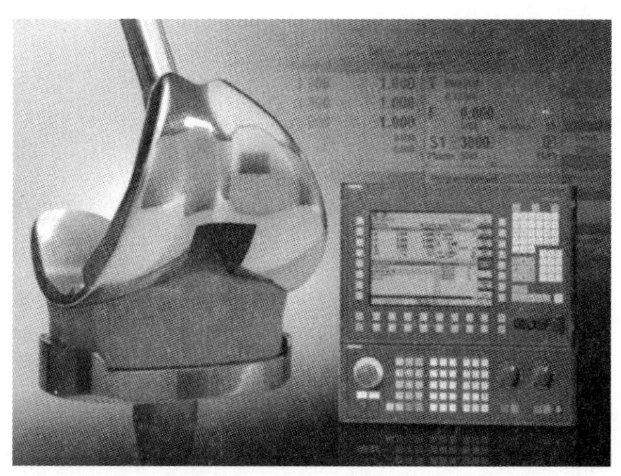

医疗技术领域通常是被业界拿来说明以上观点的最好实例。因为，医疗技术发展的特点是先遇到挑战，然后建立必要的数据结构，而不像其他行业一样，用现有的数据去解决出现的问题。为了在节省成本的同时，制造出适合患者的膝关节植入体，西门子医疗业务领域和工业业务领域通力合作，通过创新，制造出了一种膝关节植入体。这种创新至今还被广泛应用于膝关节植入体的制作流程中：因为膝关节植入体有尺寸与形状的限制，所以医师在为患者植入这种膝关节植入体时，必须为患者施行削骨手术。由于人工关节使用量很小，且关节的制作必须由人工完成，因此它的造价非常昂贵。按西门子公司的新思维：可以在为患者订制第一个骨模型之前，先搜集患者有关数据。然后将这些数据快速进行自动化处理，转化成一个假体模型，再通过数控设备的加工，最终制作出来。而对患者的膝关节进行扫描，主要是通过 CT 和核磁共振成像（MRT）来实现的。西门子 PLM 软件部的 NX CAM 系统可以在半个小时之内生成生产用数控数据。而用人工制作的话，至少需要两天。

膝关节植入体的实际生产采用西门子 Sinumerik 840D sl 数控系统。安装有该开放式控制系统的机床可以无缝集成到上位生产控制系统，实现从患者的数据输入开始直到植入体被运送到患者手中的连续过程链。

在生产工程中，这种工业软件与自动化技术、生产技术相互协同的生产模式，在西门子已经被成熟地运用了许多年。集合丰富的应用经验与知识，最终西门子开发出了 TIA 博途软件平台。TIA 博途软件平台是一个被称作“单一工程环境”的自动化软件。也就是说，用统一的操作平台和画面，可以操作整个价值创造链——从规划、调试，到运行和维护，以及自动化系统扩展。通过工业软件与自动化和驱动工程技术的结合，使产品设计、生产实施和服务三个环节紧密相连。通过该软件平台，可实现最佳工作流程，降低工程成本高达 30%。

2.2.4 软件对生产实施的作用

企业通过优化生产链条的第一个环节（产品设计、生产规划和生产工程），可以在整个生产流程中起到事半功倍的效果。借助于全集成自动化，可以优化生产环节的自动化解决方案以及之后每一个环节。制造执行系统（MES），如 Simatic IT 平台可保证生产的高性能。通过数据融合，所有生产流程的管理变得十分透明，工程设计的各个阶段实现实时交互。

通过采用集成自动化与驱动解决方案，能够显著提高生产效率和灵活性。原东德玻璃制造商 f | glass 就是一个很好的实例。它的工厂可以算得上是全世界最先进、最节能的工厂之一了。该工厂采用了一套集成自动化解决方案、一个先进的能源管理系统以及一个创新的热回收系统。从原材料供应和混合，到熔化过程，再到玻璃表面的精加工和调试，生产与物流均完全实现了自动化。通过全集成自动化（TIA），所有集成仪表、驱动、自动化

及配电解决方案相互协同，所有生产流程高效而灵活。过程控制系统 Simatic PCS 7 可视化控制着 700 米长设备上的 3000 个测量点，实现了一年 365 天连续可靠的运行（见图 2.4）。

图 2.4　玻璃制造商 f l Glass 工厂中的触屏控制系统（图片来源：f l Glass）

2.2.5　软件对生产服务的作用

在过程工业和制造业中，能否为客户量身订制服务解决方案，日益成为企业能否成功的一个决定性因素：除了传统意义上的维修保养、故障修复、能源与环境服务、综合性维修解决方案外，还包括远程维护。

为了提高设备的利用率，降低维护成本，实现机械设备的远程监测和维护是一项行之有效的措施。在线访问将比现场服务更经济、更快捷、更灵活。通过远程监控，可以对设备实施预防性检测与维护（状态监测）。

特别是像航空航天这种特殊行业，往往承担着极为复杂的设备和系统维护任务。如果没有预防性和预测性的技术手段，这项维护任务是无法想象的。因此，西班牙的空客工厂（见图 2.5）请西门子为其进行设备维护。维护范围包括制造设备维修和备件管理。

图 2.5 空客维护项目
（来源：空客公司）

服务解决方案并不仅仅局限于提供解决方案。通常人们所理解的解决方案比较适合大型公司。但一些没有全球性服务团队的中小型公司，也可以利用这些解决方案。比如说，西门子强大的在线服务网络团队为 Schwäbische 机床公司提供的服务。该公司是一家只有大约 300 名员工的多轴机床原始设备（OEM）制造商和供货商，其客户遍及世界各地。

2.2.6 所有生产流程中的软件集成

如今是一个创新软件与高性能硬件、虚拟网络与现实生产环境交错的时代。所有产品的开发和生产过程都需要软件应用。先进的精密光学设备行业最能说明这一点。由德国 Opto 光学仪器有限公司研发了一款重达 85 吨的庞然大物。这台机器可以用来制造直径长达 2 米的高精度太空探测望远镜。其测量精度可达30 纳米。这款测量距离超过了 130 亿光年的望远镜镜片也是由 Opto 公司研制的。首先，Opto 的光学工程师们使用西门子 PLM 软件 NX CAD 解决方案在电脑屏幕上虚拟出一个机器。然后，西门子机电一体化技术人员不断分析、模拟、优化这台“虚拟机”，配套使用了西门子数控系统 Sinumerik840D，并为 Opto 公司专门设计了专属用户界面。通过采用西门子 Sinamics 系列驱动产品，Opto 公司实现了八轴超精密磨削和研磨抛光机的精确运动。CAD 软件与高性能硬件的结合不仅在精度上更上了一个台阶，也加快了制造过程。由于天文光学在全球的需求度非常高，所以其定制的时间难以保证，因此，望远镜能否在最短的时间制作完成，是非常关键的。

2.3 工业 4.0

德国创造出了一个词叫做“工业 4.0”，定位于以蒸汽机、大规模流水线生产和电气自动化为标志的前三次工业革命之后的第四次工业革命。该理念意在通过充分利用嵌入式控制系统，实现创新交互式生产技术的联网，相互通信，即信息物理融合系统，将制造业向智能化转型。

2.3.1　释义

在“工业4.0”的理念中，产品本身就是生产过程中一个十分活跃的元素。这个理念也可以用“智能工厂”来解释，也就是说在这个工厂中，数字世界与物理世界无缝融合。在这些产品中包含有全部必需的生产信息。通过信息物理融合系统，企业不仅可以清晰地识别产品，定位产品，而且还可全面掌握产品的生产经过、实际状态以及至目标状态的可选路径。在“工业4.0”时代，机器、存储系统和生产手段构成了一个相互交织的网络，在这个网络中，可以进行信息的实时交互、调准。同时，信息物理融合系统还能给出各种可行性方案，再根据预先设定的优化准则，将它们进行比对、评估，最终选出最佳方案。这就使生产更具效率，更环保，更加人性化。同时，因为调动了“元信息”，所以提高了过程透明度。

这种以信息技术为基础，整合软硬件的系统又称嵌入式生产系统。该系统的应用，一方面使得企业与企业之间纵向一体化程度加深；另一方面，在从预订到交货的横向一体化中，各个环节也被紧密地联系起来了。正如德国技术科学协会（Acatech）发表的一份文件中预测的那样：“信息物理融合系统（嵌入式系统）将彻底变革制造业、交通业和医药业。”文件还进一步提到，采用新的生产工艺，可以将生产力从30%提高至50%。

2.3.2 成功之路

在“工业4.0”时代，数字化的灵活性，将更强烈地影响现实世界。要实现数字化与现实的交互，不仅要提高生产的外部技术，更要从生产内部进行改造。首先，研发如生产机器这样的生产数据时，要考虑其是否能高效适应新生外部条件。另外，要利用虚拟技术，将物理活动变为数字化活动，以使开发活动变得更加灵活，优化资源配置，甚至要实现生产元素的逐个优化。

如今，利用工业软件，实现了价值创造链各个环节的紧密相连，优化了生产过程（详见第2.2节）。位于德国安贝格的西门子工厂即是一个很好的实例，该工厂负责生产Simatic系列PLC（可编程逻辑控制器Programmable Logic Controller）。大部分生产都实现了数字化，并独立于实际生产进行了仿真和优化。通过采用Simatic IT制造执行系统，显著提高了生产效率和灵活性。该Simatic系统允许在一分钟之内更改产品和工序，这对于自动化系统来说也是一个很大的挑战。另外，每天大约有一百多万个测量事件，不断地涌入中央系统。通过数据矩阵码扫描器和RFID芯片，采集产品信息，并加载到上位中央系统，以确保数据的一致性。这样，控制系统就可以掌握每一件产品的信息，例如产品当前状态、是否通过检验等。若该产品未能通过检验，控制系统将对其按照原有程序进行干涉，如：自动发送一封邮件到品控部门，为技术人员提供维护信息等。品控部门的员工将会收到一份内容包含装配计划和故障诊断的信息清单。正是因为应用了这一技术，使得西门子公司的这家工厂几乎成为了误差最小的工厂。其误差比率之低，十分惊人：百万缺陷率仅15，相当于工厂产品合格率为99.9985%（图2.6）。

图2.6　西门子安贝格工厂
（来源：西门子公司）

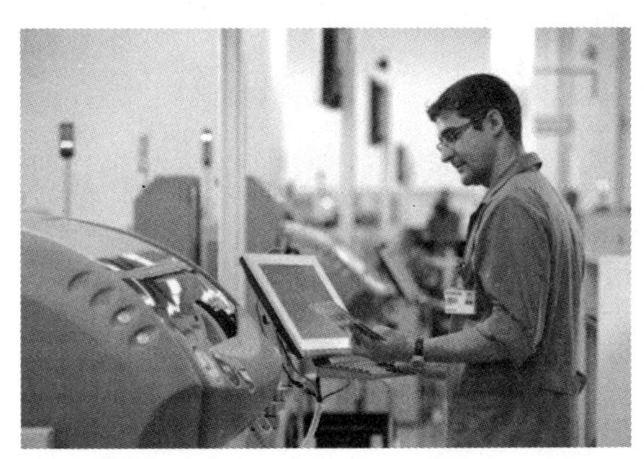

“工业4.0”的目标已十分明确。但要实现这一目标，我们还有很长的路要走。西门子公司也正为实现这一目标尽着自己最大的努力，积极而有的放矢地改进现有机制。在通用研发环境中，通过“数字化企业平台”将虚拟和现实世界进行融合，实现从车间到公司管理层的双向信息流和数据协同优化，是通往实现“工业4.0”的必由之路（参见第2.2节和第7章）。在“数字化企业平台”中，不同的生产阶段间无缝衔接，数据可以自由“流通”。全面集成是实现“工业4.0”的必要条件。

“工业4.0”这一理念得到了积极的反馈。至少在德国，其发展获得了政府的大力支持。在经济上，联邦政府以支持未来高科技为前提，为其提供了高达2亿欧元的资金。虽然，目前的发展尚未出现“爆炸性”成果，但在稳步中前进。也许这种技术革新还要经历几十年的时间，因为在前进的道路上仍有许多问题亟待解决。

道路选择成功与否，不仅取决于是否选对了路径，还取决于能否确立正确的标准和规范。除此之外，继续研发传感器技术、实施安全措施、确保安全理念和政策，都决定了我们能否接受挑战。回顾过去数十年的历史，我们会惊异地发现，第四次工业革命与第三次工业革命是如此的相像。这就为坚持发展“工业4.0”提供了现实依据。

2.3.3 人为因素

“工业4.0”时代并不是危言耸听的软件取代人的时代。相反，人的能动性在“工业4.0”的发展进程中所起到的作用，有增无减。产品的设计、制造和设备的生产是信息物理融合系统无法独立完成的。只有通过人首先设定好优化准则，“信息物理融合系统”才能按照此准则在生产框架内确定生产选项，并对此做出评估。

然而，强大的网络化对人员提出了与先前不一样的要求。这种要求，既是对虚拟世界中产品设计、规划能力提出的要求，又是对现实世界生产、物流提出的要求。新型的生产模式不仅要求员工对日益增长的复杂性有一定的掌控能力，还要求员工对工作有认真负责的态度。不同的领导形式，还要有一个协作性组织。在“智能工厂”中，员工已从“服务者”转换成了操纵者、协调者。未来的生产需要员工作为决策和优化过程中的执行者。因此，肯定不会有“无人工厂”的出现。员工将承担如设计、安装、改装、保养以及对“信息物理融合系统”和新型网络组件维护的工作，且进一步对生产设备模式、框架结构和规章条款进行优化。他们既能利用信息技术令仿真程序运转，又能对替代方案进行评估。但是，产品本身并不能决定如何进行生产，无论如何都需要决策者自己从不同的“工业 4.0”生产方案中选择一个最适合的。

“第四次工业革命”也导致了优秀职工标准的转变：随着对产品和生产方式要求越来越高，对员工的专业水平要求也就越来越高。就如同，当虚拟和现实世界高度融合的时候，知识和生产也是在彼此间相互增长的。未来的工作岗位将会更加地注重技术专业性。并且，熟练工种逐渐减少，能动性岗位会变多。因此，这对于未来的人才培养工作也是一个很大的挑战。这不仅仅涉及到一个企业的人力资源部门，还会涉及到高校等教育领域。这对社会和教育系统也是一个挑战——从学校教育开始直到大学的深造和进一步培训。

2.4　前景——工业的未来

未来工业的起点是相当有前景的：西方世界正经历着一场工

业的复兴。它一方面发生在国民经济的层面上，另一方面发生在技术层面上。

2.4.1 技术革新成果

随着产品复杂性和个性化程度的加深，产品的自动化程度也随着开发周期的缩短和成本的压力明显增加，且这一趋势还将继续下去。工业企业好像要赶一列前进的火车，其设备和技术水平都将被提升至一个新的层面。反之，那些不采取必要的技术、组织改革的企业，将无法承担新的挑战，也必将失去企业竞争力。

“工业企业无法在生产和业务工程中，一方面对控制技术和信息技术进行创新性投资，一方面消极地等待结果。”这是 ABC 咨询集团在一项研究报告中得出的结论。（“构建数字化企业，数据是一切”）。

企业自身不断努力的同时，业务的发展还需借助社会和政策的支持：世界各国和地区几乎都颁布了支持此项发展的政策。如欧盟委员会就在推动工业在欧盟的经济总量份额的增加，计划从当年的 16% 提升到 20%（2020 年），并为此加强创新领域的投资、积极开拓市场、减轻工业获取原始资本的负担、改进教育和培训体制。美国总统奥巴马已宣布打造一个全美工业网络。也就是在全美范围内，建造 15 个工业机构，用以研究改进工业发展。美国希望能在全球先进工业生产领域再度成为领先者。“金砖四国”中，比如中国、俄罗斯和印度，也已启动许多重要的工业资助项目。大多数政府和经济学家的目标是将工业在国内生产总值中的份额提升到超过 20%。

2.4.2 软件作为增长动力

信息技术和软件已发展成为工业中最重要的增长动力。据德国工程联合会（VDMA）的一项研究表明，信息技术和机械制造的自动化技术支出已占当前生产支出的 30%。联邦经济与技术部预计到 2015 年时，其份额将达到 50%。根据行业协会 Bitkom 估计，仅嵌入式系统——包括对交通或物流链系统的市场份额在德国就能达到 210 亿欧元。专家估计，当前纯工业软件的世界市场份额已达 180 亿欧元，他们预测，该指数将有每年上升 8% 的增长趋势。此外，从全球范围来看，工业型软件在有关物流、安全和能源管理领域的额度已超过 1000 亿欧元。

数据是未来的原材料：在全球范围内，数字信息的总量每五年会增长十倍。对于所有行业的企业来说，拥有强大的工业软件是能否取得竞争主动权的重要因素。从构思、研发、模拟、到实现生产规划和生产实施，工业信息技术和工业软件始终都被看作是主导要素。唯有在不断更新的发达技术的支撑下，产品和设备的质量提升才有望得到实现。

因此，一套完整的解决方案意味着，供应商必须还要研发除了设备、部件、产品和各种控制程序之外的相关软件。有了这些软件，才能开发、模拟、优化和制造产品和设备。无论是对供应商还是对使用者，软件开发的战略性意义都是巨大的。因此，西门子软件研发的支出占了整个集团研发预算的大约40%，达到了40亿欧元。特别是行业信息技术市场，即针对为有特别需求的特定行业量身定制解决方案的这一领域，西门子投入了大量的精力，时间和资金。

2.5 结论

在未来，努力生产优质产品已经基本无法满足人们的期望。因为人们要求的是怎样以正确的方式，产出优质的产品。墨守成规，在未来的竞争中一定会坐失良机。虚拟世界与现实世界的交互，生产规划与实际生产的结合，生产数据一体化和生产服务的联系都成了决定未来工业是否成功的必要因素。在未来的工业领域，需从整体着眼；在产品的整个生命周期中既要考虑横向一体化发展又要注意纵向一体化发展，还要将这两个方向进行优化整合。与此同时，未来会越来越突显人的作用。如果没有人才，即使是最先进的工业软件或是最好的信息系统，都有可能变成“金钱的坟墓”。因为人才，可以研发最好的产业产品、创造合适的生产机制，并可以时刻以清醒的头脑和全局的眼光独立、快速并正确地做出决定。

第二章

作为下一次工业革命基础的创新

格哈德·鲍姆（Gerhard Baum）

概 述

各自独立发展起来的五种技术革新已经进入相互影响和共鸣的阶段，并构成了重要变化的基础：如何促进工业增值（从产品的开发、销售到产品支持）？哪些核心流程、能力及技能是必不可少的？为此必须发展哪些新的合作关系？当前的模型从根本上有别于建立在这种技术创新上的竞争模型，它们将被更有效率的模型所替代。因此整个工业和工业增值链将被重新定义，且会出现新的玩家和竞争者。随之而来的是对所有参与者的新的要求。我们描述的这种转变有潜力带来一场既是演化性同时又招致混乱的转变，也有潜力带来演化和革命。这种转变的前提由技术创新所决定，而它的成功实现则取决于整个企业、工业和经济区位的转型。

变革的成功不是纯技术上的问题。它更多地取决于所谓软性指标，如企业文化、在“社会化媒体”范围内的研究、领导行为和决策程序的变化、组织和流程的发展以及新技术的使用。后者由人和前面提及的技术创新相结合，并通过一连串的成功与失败的转型来达到。

转变的速度和达到的效果在不同部分、不同过程、不同企业都是不一样的。果敢的先行者们构建了一个非凡的设计和革新框架，这也是未来竞争能力的基础。

根据预测，第四次工业革命是工业发展的下一阶段，其具体特征首先会在未来几年紧张并富有挑战性的开发成果里表现出来。

然而物联网（IoT）和其他技术革新对第四次工业革命的影响在今天是看得见的。

3.1 导论

诸如移动计算、社会化媒体、物联网、大数据、分析和优化等现代重要技术的革新相互产生影响，并引起共鸣，它们在相互作用中从根本上改变了增值、商业模式及很多工业客户互动的基础。接下来我将描述这些创新，看看它们的相互影响，并从 IBM

的角度观察由此产生的一连串有重大意义的挑战、变化和转型。

3.2 从工业1.0到工业4.0

以往的工业革命是在产品制造过程中通过技术革新推动的：从纺织机、流水线直到在自动化里部署计算机（CNC, SPS, FMS, MES）。

不同于历史上的工业革命，变革的第四阶段不仅包含产品的机械化生产过程以及和它相关联的组织流程，还包含机械及非机械组件的供应链以及整个生产环节。在整个产品生命周期中，从开发、生产、使用到回收，机械装置和嵌入式软件相互融合、不可分割。

这么做的好处将体现在产品生命周期中所有的参与者身上。消费者得到了更多的个人用途功能；供应链将变得更加灵活、透明，并且在地域上分布更广；生产将朝个性化大规模生产更近一步，并且更加去中心化，费用更加合理。产品开发人员直接和客户沟通，对使用者行为和产品要求的了解明显更加准确。

为实现上述优点，必须克服巨大的挑战。其中之一是对系统复杂性的掌控，而这些系统又是另一个系统的一部分，就像一件智能系统产品，它和其他系统在开发、生产和使用期间保持互动。关于这方面我会在之后详细论述。

首先，我想就技术层面的创新进行探讨。以现今的观点来看，技术创新是第四次工业革命的基础。

基本上来说是五项创新，单独来看它们都有巨大的商业和变革的潜能。在思考它们的总体和融合时，则包含了成为第四次工业革命的潜能。为了让技术间的彼此影响和转变动力的产生显得更加直观，我们对这些技术的描绘选择了如下顺序：

1. 移动计算
2. 社会化媒体
3. 物联网
4. 大数据
5. 分析和优化/预测

在下面的章节中，将对每一项变革加以详细描述，并通过实例揭示出各自的潜能和相互之间的关联。然后理清这些技术的相互作用和与其他技术的融合，这些技术正是我们工业行业发生巨大转变的平台和驱动者，此外，它们还将引导我们进入工业 4.0 的时代。

3.2.1 移动计算

移动计算指的是人和计算机在移动状态下进行的人机交互。这种人和计算机的机动性极大延伸了增值和使用的可能，并使得这种技术被广泛传播，导致了企业对移动硬件、软件、用户界面、通信、安全、数据保护和隐私的更多要求。

从使用更智能、更灵活和更小的终端设备开始，移动计算已经发展到对人机交互的完整需求。在未来，移动计算技术将会无所不在，并且成为对各种计算机及其应用的新的软性标准。这不仅在社会化媒体范围内，在商业和企业信息技术领域同样有效。

这些变化起始于对移动终端和电话的使用，但是影响力覆盖了整个信息技术产业及其使用者。用移动方式访问所有应用领域，以及用户界面和所提供的应用的简单性和交互性等等，这些在传统企业中也是衡量今天的需求的标准。

到处可以使用，到处可以连接。移动计算为使用信息技术带来了地点和时间上的灵活性。通过它，互动的数量增加了，并且产生更多的数据。下面这个问题需要被特别关注：这些数据应归谁所有？私人数据应该怎样保护？

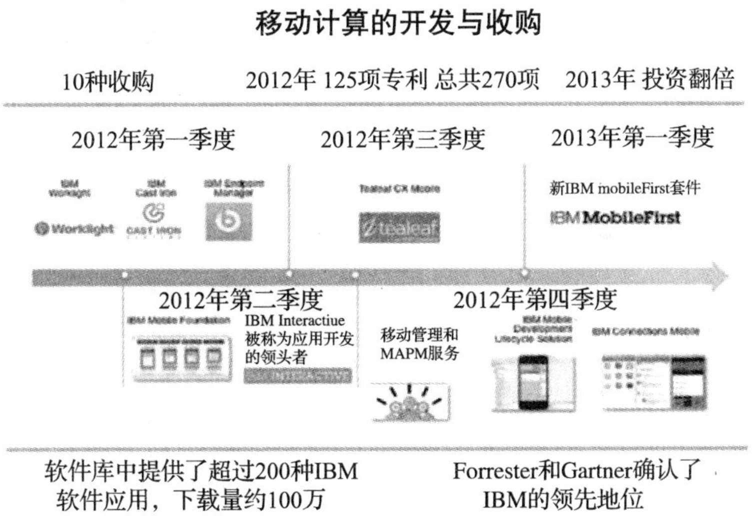

图 3.1　涉及移动计算的收购（来源：IBM）

好的技术解决方案，高级别的数据安全和数据隐私的保护，这些对于移动计算的高接受度和快速传播来说是强制性的前提。这需要大量的投资。图 3.1 展示了过去两年 IBM 在移动计算技术方向上的行动。

3.2.2 社会化媒体

许多社会化媒体发展起来，并且从现在开始渗透到社会和生活的许多领域。开放的群体通信和群体互动已经成为标准。单个平台的使用者就可以在人数上超过较大国家的居民人数，在市场资本总额上超过大型公司。在这些可使用的平台上，互动交流、发表评论和发布信息是很活跃的，且形式很多，展现出生活的真实场景。人们的观点和想法，希望和需求以及计划和行为变得更加透明，更能被理解。社会化媒体的不同形式将在图 3.2 中展示出来。

社会化媒体的群体互动形式

IBM CRM研究，从社会媒体到社会 CRM-消费者的需求

社会化媒体的类型	示例
社交网络	Facebook,Linked In,Orkut,QQ,Weibo
微博客	Twitter,Jaiku,Tumblr
博客	Blogger,WordPress,Xanga
媒体共享	YouTube,Flickr,Slideshare
社会化书签	Digg,Delicious,StumbleUpon,Reddit
社会化点评网站	Yelp,Epinions,Trip,Advisor
维基	Wikipedia,WikiHow,WikiBooks,Wikitionary

图 3.2　社会化媒体的形式（来源：IBM）

这些平台的使用改变了人们收集和评论信息的方式、进行创新的方式、创造性工作以及规划日常生活的方式——这一改变不

仅发生在私人领域，也发生在行业领域。

在同传统互联网的协作中产生了一个平台，它创造并存储数据，这些数据可以以某种方式被访问。这在人类历史上是从未有过的现象。

大量互动使得在两天内产生的数据就和整个人类从这项技术诞生直到2003年间创造出来的一样多。贯穿产品生命周期的各个阶段，数据将成为能带来高效增值的极有价值的原始材料。核心的挑战在于及时访问数据，了解它们并确定它们之间的关联，最后为所有的参与者找到有用的结论。

硬件，软件，联系，增值

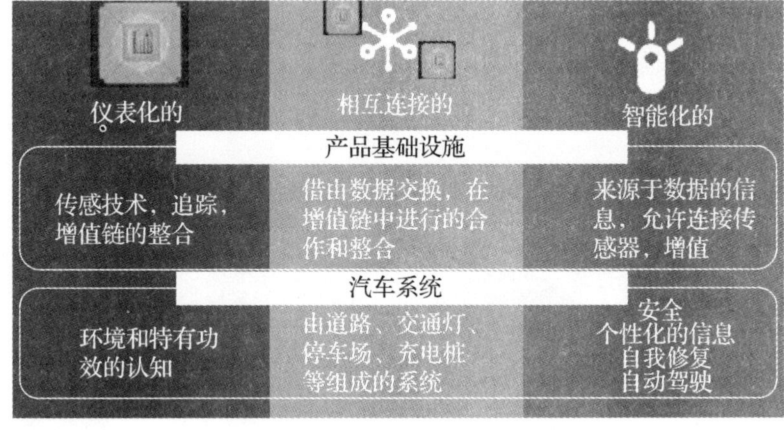

图 3.3　物联网的增值（来源：IBM）

3.2.3　物联网

物联网（Internet of Things 或者 IoT）清晰地描述了一种唯一确定的物理对象间的连接，物品能够通过这种连接自主地相互联系，并由此获得了扩展功能，创造额外的客户价值。这种交互作用发生在机器与机器之间，对象与对象之间。

作为额外收益，物联网的形成开启了创新、产品功能和增值过程效益的新维度。它是新的增值模式和商业模式的基础（见图 3.3）。

技术创新是物体能够感知周围环境和部署区域，并相互交换数据的基础。创新也是处理数据中包含的信息的基础。

例如，现代汽车通过摄像、雷达和激光等传感技术来感知 200 米范围内的周边环境，这些传感设备还可以互相通信。把数据流融合在一起，通过模式识别软件的处理，可以区分和汽车相关的周围环境。汽车之间附加的相互通信以及它们与在云端的后端系统之间的通信再次显著扩大了数据和信息流的范围。感知区域的半径和信息量也都得到了增加。图 3.4 给出了不同工业中的物联网概览。

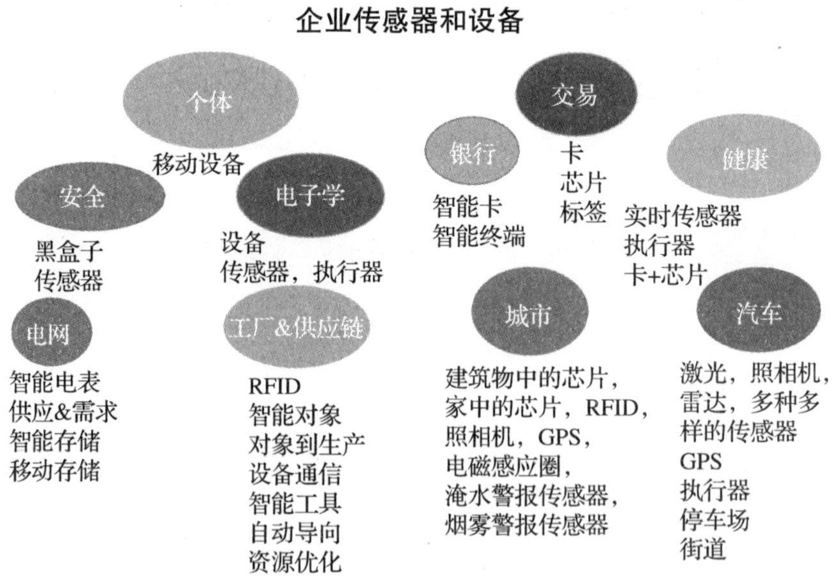

图 3.4　不同工业里的物联网（来源：IBM）

这些附加功能的发展潜力以及它们之间的水平联合是多种多样的。在传统方式下，它首先极大地增加了智能对象的单一生命周期阶段的复杂性：设计阶段，开发、测试和生产阶段以及运行和维护阶段。IBM 在全力应对物联网带来的挑战。

最大的增值出现在哪里？哪种转换是必要的？为了突破，还缺少哪些方法、过程、技术和产品？如何实现它们？所有这些都是进行中的项目所面临的棘手问题。

下面我想简要地从开发一个“智能对象”的角度进行探讨。“智能对象”是物联网的基本组成部分，是在机械、电子和软件的共同作用下产生的。必须在这些相互关联的领域中实施对“系统智能对象”的描述、开发、测试和维护。此外整个生命周期必须整合为严格的流程，并且要做到能够追踪（“可追踪性”，“Traceability”）。从需求管理到对投放市场的产品/对象的支持都要包含在内（参见图 3.5）。

智能对象的开发程序

- 设置，连接，维护
  - 客户要求和功能
  - 功能结构
    - 技术结构(车载电源系统)
    - SW结构，SW设计
    - 测试&生效
    - 项目计划
- 版本，设置，改变易变的管理
- 增值链的合作
  - 说明书
  - 评估度，现状和目标的比较
  - 多种遗留工具的整合
- PLM的连接

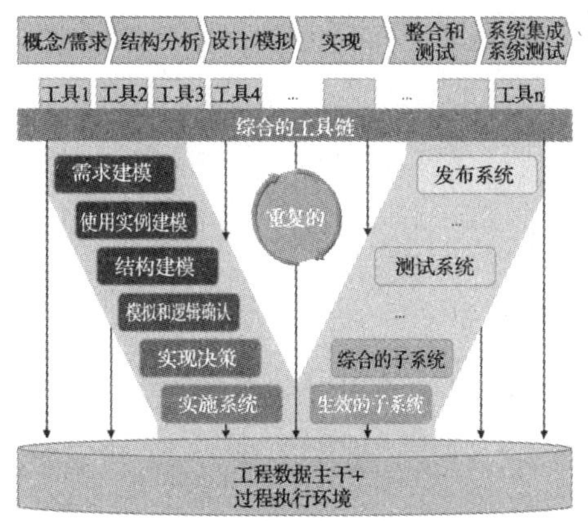

图 3.5 开发智能对象（来源：IBM）

除了客户价值这一最重要的因素外，被整合的要求也提高了设计、开发和使用方面的复杂性，由此给企业带来了额外的挑战。“智能对象”的广泛互动通常是超越边界的，没有这些互动也就没有增值的规模效应和一体化效应。这再次增加了复杂性。

我们的主要问题是复杂性，它同时也是在物联网革命中显现出的主要技术抑制剂。接下来我要描述一下复杂性是如何被形式语义（也就是说基于模型的、面向上下文的）技术征服并由此成为竞争优势的。语义技术的意义超越了物联网，对上述五种创新，特别是它们的相互作用都有影响。

在产品方面和过程及组织方面飞速增长的复杂性是和物联网有关的主要问题，这一点为人们所一致认同。

从产品方面来看，复杂性的增加是由对产品要求的增加而引起的（比如新的功能）。从过程方面来看，导致复杂性增加的因素有产品的个性化和地域化（批量 1）、过程的加速（上市时间，time-to-market）、规章（工序验证和建档）等，增值和合作网络在全球的扩张也是复杂度增加的原因之一。这些加总起来使得复杂度呈现指数级增长。与此相对应的是和复杂性相关的组织能力的缓慢提升。这在复杂性和克服复杂性所需的组织能力间撕开了一道裂缝。

在单一企业层面有效的东西，在增值链条层面乃至经济生态系统（ecosystem）上将成为区位因素：人们要把产生的“裂缝”给补上，这一裂缝使得公司、网络甚至整个国民经济长期分化。组织能力的成长和物联网复杂性增长步调一致，将使得复杂性从难题变为竞争优势。

除了在很多地方缺少方法、特别是方法整合之外（比如具备系统工程范式的开发流程渗透得还不够彻底），问题的另一个重要原因还在于对象和表达对象的 IT 应用之间的接口质量。这些 IT 应用被用来支持产品生命周期和伴随这一周期的过程，比如增值过程、控制过程、管理过程和文档化过程等等。现在的接口的作用相当于降低效率用的制动器，这种现象不仅仅是针对各家公司，对整个增值网络来说也是一样。产生这种刹车作用的原因在于 IT 系统和数据之间在语义和结构上的裂缝。产生裂缝的原因是，那些隐含在实际应用中的，对各个 IT 系统和应用都很重要的目标域（例如：机械开发）并没有统一的描述模式，而是被包含在各自特有的结构、语义和数据表达式中。

由于缺乏不同领域之间的整合，这个难题在以下三方面被格外强化了：

- 产品领域（例如电气工程、电子学、软件和机械学）
- 利益相关者的增值领域（组织单位、角色）和增值网络中的过程
- 产品生命周期的各个阶段（如开发、制造、支持）

尽管传统的应用集成（通过直接的接口）可以逐项解决上述问题，但是同时产生了越来越大的维护问题和完整性问题留待解决。这些问题随着涉及的应用数量的增加而呈指数级增加，因此传统的应用集成只能转移企业和增值网络碰到的难题，而不能解决它们。

目标系统产品的复杂性越来越大，处在产品生命周期的参与者所形成的庞大的网络分支中的过程，其复杂性也越来越大。如果不能向新的、更好的整合措施转化，在提供高效率的同时增大灵活性，那么就会导致进一步的效率损失。换句话说：当各个应用的效率潜能在本地被进一步充分利用之后，效率储备会显著提升。这一储备存在于系统层、过程和应用的整合之中，也存在于跨应用、跨专业领域的全球化优化之中。

3.2.4 解决方案

前面提到的关于对象整合（广义上的系统和企业整合）、应用整合、数据整合和过程整合的问题，其解决方案在于对从应用中分离出来的目标领域的形式化的、明确的描述。在这种描述里，模型根据不同的语言使用惯例，被称为“领域模型”“语义模型”或者“本体”。

在这个模型中，相关目标领域的元素、结构和过程将通过现代概念做语义上一致的描述。这样将避免出现今天大多数应用里所隐含的由领域概念（应用逻辑）、数据（产品和过程）及信息整理（演示）所组成的混合物。

在语义学和结构上，这个模型全面而一致地反映了商业和专业过程，以及产品的重要特性。此外还包括在产品和过程实体之间建立的关系（依赖、规则和限制），这从控制复杂度的角度来看是最重要的。这不仅仅是针对包括 IT 在内的所有参与者的唯一性接口的前提，而且还是一个有价值的知识库。这个模型可用于对 IT 应用和观点（利益相关者的意见）进行调整及整合。

通过过程、数据和应用的分离，领域模型的目标领域上的变化可以被复制，并且在形式上可以被追踪（Traceability）。

这个由目标领域所支持的环境（IT 应用、过程和数据库）可以通过灵活的方式适应被改变的边界条件：

- 公司流程的改变
- 接纳新的增值合作伙伴
- 发布新版 IT 应用
- 对参与者的新要求（利益相关者的新视角）

同时，模型快速改变的可能允许人们对不同执行方案进行仿真和分析（“影响分析”“impact analysis”）。

通过强调架构范式，基于领域模型的解决方案以优雅的方式支持了系统生命周期的三个重要架构领域，从而为降低复杂性（产品和过程）作出了重要贡献。这些被支持的架构领域是：

1. 产品和系统架构（例如汽车架构）
2. 增值和企业架构
3. IT 架构（这里特别指数据和信息架构）

领域模型方法充分利用了上述三个架构领域之间的强大关联：

- 产品构架和 IT 构架之间的关联指的是，产品构架原则上预先确定了产品以及所有对产品生命周期意义重大的过程信息的结构。因此产品架构成为产品一致性的保障。
- 产品架构和企业架构之间的关联指的是，企业内的合作和增值网络内的合作大部分遵循产品架构。

- 企业构架和 IT 构架之间的关联指的是，企业建模的一系列成果（如过程或者角色）同时也可以用于建构领域模型。每一个对增值过程有重大意义的变化甚至整个企业的转型，都会反映在领域模型中，由此成为被整合的 IT 环境的配置起点，也是利益相关者看待产品的视角的出发点。

除必要的语义标准化之外，实现解决方案带来了两方面问题。一方面是储存了大量结构不相同、缺乏完整性的数据，另一方面是有隐含结构和关系应用。那些过去的资料（“遗产”“legacy”）通常是不能被新的解决方案所替换的，因为在典型的情况下，它们和其他（旧）应用之间有各种各样的关系，而这些关系中大部分是劣质的文档化关系。

在这种迁移当中，更确切地说，是在遗产（legacy）环境和语义一致性的 IT 环境的整合中，有一个针对从目前状况转向目标状况的巨大挑战。然而基于模型的整合方法也提供了一种优选的可能，使得这种转换能够有效率地进行，并且在转换中不会造成很大的损失。

3.2.5 大数据

大数据就是收集巨大的数据集，这些数据集产生于多种多样的模拟或者数字资源——物联网、人联网（Internet of Humans IoH），它们被以不同的速度、容量和协议传输。通过传统的信息技术和信息架构不可能对大数据实施有意义的存储和处理。数据，特别是大数据被看作创新性增值的基础，这么来看它们是新经济模式的原材料。

对于不同的数据结构、数据量和数据流速度与不同的关联及分析可能性的结合，若要对它们进行捕捉、存储、整合、分析和管理，就需要有结构化的信息架构。这些数据作为有价值的原材料被整合进企业流程中，并被按照纯度分为不同的级别。

3.2.6 分析、优化和预测

原始的大数据被不同的面向数据的过程所提纯，然后通过分析和优化工具而成为有增值的、可销售的产品。这里来看一下图3.6所示的数据增值链的不同阶段：

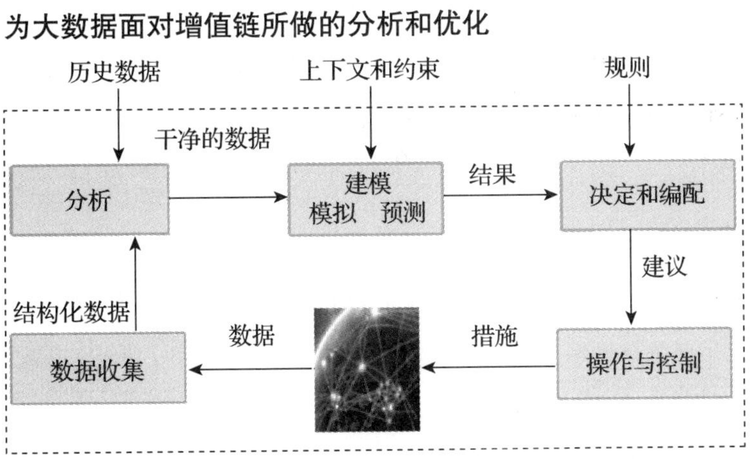

为大数据面对增值链所做的分析和优化

历史数据
上下文和约束
规则
干净的数据
分析
建模
模拟 预测
结果
决定和编配
建议
结构化数据
数据
措施
操作与控制
数据收集

图 3.6 大数据增值链（来源：IBM）

以从不同的模拟和数字资源中获取的大量数据为基础，首先碰到的是从关联、趋势和特定模式方面对大数据的分析。因此人们要区分可用数据和干扰数据，并做相应的过滤。分析大数据可以让我们更好地理解智能对象和智能对象系统。理解它们就可以借助模型来对系统进行数学描述。模型的行为可以同真实情况进行比较，例如同传感器数据和物流网数据进行比较，并以这种方法不断地改进模型，直到模型和智能对象或者系统建立了足够精确的关联。这些模型是预测、优化以及决定是否对系统进行干预的基础。

例如，通过对社会化媒体的分析，人们可以看见，哪些话题在哪一天以什么样的强度被人们讨论。被谈论的话题可能是汽车部件如轮胎、座椅、制动器和车门，也可能还包括样式、牌子和使用者。这个信息的增值存在于相关性中。是什么导致这个主题的讨论是正面或者负面的？对牌子和销售有什么正面和负面的影响？怎样可以优化？

通过分析可以看清舆论，辨别哪些话题是新兴的，哪些是过时的，也可以建立话题之间的关联。这些分析是更好地了解市场状况的基础，因而也是更快更好的决策基础。

分析的使用带来了一个新的、应用在上下文中的管理工具，它描绘了一种新的方法和创新性的管理系统。这种系统改善了获取信息和决策准备的传统路径，特别是在实际的决策过程和与此关联的学习过程方面取得了重要进展。这个管理系统应用在企业所有主要过程中，带来了整个企业的改变和进一步发展。

3.2.7 技术的融合

上述五种各自独立发展起来的技术创新，现在开始相互影响并产生共鸣。物联网、传统互联网和社会化媒体是共同成长起来的。

这种共同成长构成了促使企业和各行业所有主要核心过程发生显著改变的基础。工业如何发展增值？如何创造增值？如何出售增值？哪些核心过程、技能和职权范围是必要的？必须发展哪些新的合作关系？这些问题的答案都从种类和方式上发生了改变。

技术使得更好的可靠的决策行为、更经济的开发过程和更有效的生产过程成为可能。今后，智能产品会和制造公司的流程相互绑定，并接入网络。维护和附加服务是已经预先开发的，供最终用户消费。

更广泛的部署很大程度上取决于数据安全以及自身数据的隐私保护。随时、全面的透明对增值来说不仅是不必要的，而且起到了阻碍作用。一旦离开隐私状态，让数据及其创造者相互分离的标准和技术就变得很重要。同样的，一个高标准的数据保护系统必须能够防止未经授权的访问和数据采集。

社会化媒体将成为开发、生产和经营智能产品和智能解决方案的主要活动中心。未来，增值的一个重点将是通过在“社会化媒体建筑”内的个体来达到，而很少通过形式化的小组和僵化的部门或组织来实现。

个体的能力将按照其贡献来衡量。衡量标准是个人具体提供了什么，而不是能够做什么，受过何种教育，或者居于哪些组织层面。生产力因素是由个人和社会化网络的结合而形成的。社会网络将会成为虚拟的生产标准、虚拟的供应链以及未来虚拟的创新锻造车间。个体通过社会化网络和社区的星级评定来获得奖励，之后获得任务、职责和报酬。

接下来，我想逐一就每种形式和变化进行详细论述。

3.2.7.1 智能工厂

智能工厂是即将到来的革命的目标系统，它是精益生产（Lean Production）的进一步发展。

社会化媒体内部的社会机器是生产链的一部分。具有本地化智能的智能产品，和与智能工具及生产手段相联合的软件，一并活跃在现代的工厂里，并连接在智能全球供应链上。在生产中，智能产品和网络化的个体相联络，为增值步骤提供信息和帮助，不间断地记录已进行的加工步骤和质量指标，并借助人类技能、部件和生产手段自发将生产指引向最优路径。在生产完成之后，智能产品会一直通过在线连接与制造企业的后端服务流程及社会化媒体保持联系。

3.2.7.2 智能移动性

我们再通过汽车这个例子来感受一下基于前面所描述的五种技术创新的深刻变化。不仅是通过越来越多的电子组件替代燃烧组件而引起的汽车动力组成的改变，而且整个汽车装备了越来越多的复杂传感器和执行器，并且通过 Car-to-X 通信与物联网、社会化媒体和企业系统的后端过程相连接。汽车可以通过装备的传感设备，通过雷达、激光和光学传感器识别 200 米范围内的周边环境，而且识别效果越来越好，实现过程越来越智能。另外，汽车通过无线网络连接到云服务和社会化媒体的服务中。由此汽车能接受到海量信息，同时自身也在相应的隐私保护下产生重要数据。这些数据对评估目前的交通流量、天气、道路状况和其他东西是非常重要的。汽车因此成为数字和移动世界的组成部分，同样也成为物联网和人联网的组成部分。它生产和使用大数据，并能够通过实时分析产生重要的附加值，如实时导航、远程诊断、远程车位预定、多模式移动性等等。

这样，环境将成为新服务的孵化场所。它要求对所有参与者有内容上连续一致的关联（参见图 3.7）。Green eMotion 是一个欧盟支持的创新项目。这是一个服务—创新型经济系统的例子，该系统在欧洲范围内为电动汽车提供了统一的充电功能。

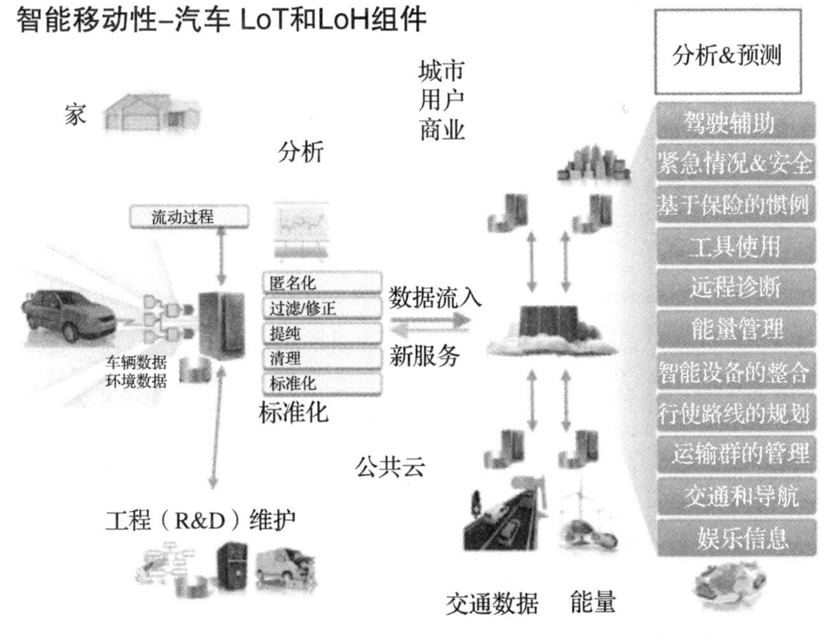

图 3.7　智能移动性的例子（来源：IBM）

这些被描述的变化并不局限于被挑选出的产品和过程。通过不同的复杂性，这些产品和过程改变了整个系统。

3.3 结论和实现

在所呈现的革命面前，德国作为开发和生产基地的地位值得审视。在这里，我们的区位实力特别体现在科技的领导地位、创新能力和为用户特别定制的产品上面。这些都和一个共同成长的世界（IOT 和 IOH）里迅速增加的复杂性问题直接相关。智能地利用数字化整合世界的增值，使得复杂性话题可以从问题转变成竞争优势。

创新、整合和转型在这里起到了主要作用。特别是我们的强项：转型。它将成为战略性的区位规则，用来显著提高增值的效率和灵活性。对此，建立能快速吸收有前景的技术的转型项目是很重要的。

从 IT 技术的角度来看，向建立在语义一致基础上的模型的应用过渡是重要的。为此，在整个增值领域中超越传统范围的语义协调上的困难必须被解决。

长期以来，有很多 IT 企业、大学和行业先行者一直在研究这个课题。在此期间存在着一个针对这个问题的共识：为了解决超越大型目标领域的本体一致性问题，需要建立更好的协调。为加速达到这种协调，未来项目中的任务必须建立在工业 4.0 框架内。

为此有一个前提条件：更好地整合目前多少是被分开看待的目标领域。其中包括产品领域（电力、电子、软件和机械）、利益相关方（组织单位、角色）和增值网络中的过程，也包含各种增值网络内部产品生命周期的各个阶段。

这一整合的基础在于前面提到过的语义上的统一，也即对增值实体、过程和扩大的目标领域（建模）内部数据进行形式的和一致的描述。

对于已经存在的旧的应用和标准给统一化过程带来的障碍，可以通过逐步从多方面推动这一过程来消除。幸好这一过程已经在不同的地方开始了，例如汽车工业。现在已经有了对整个产品生命周期领域各个部分的大量（一定程度上或者实际上）标准化的描述，上面所表述的领域模型的视角或多或少都被覆盖到。为此举几个例子：

- 针对机械开发领域的 ISO STEP
- 针对软件和电子工程的 EAST ALD2
- 针对车载电源系统的 VEC（Vehicle Electric Container, VDA-Recommendation 4968）
- 针对功能安全领域的 ISO 26262
- 针对配件物流的 RAN（RFID Automotive Network）
- 针对生产制造的 ISA88/95，MIMOSA
- 以及其他许多

TOGAF 是增值系统建模领域的一个标准化框架，目前已经被不少企业所采纳。

从方案提供者这一方面来说，已经有若干 IT 企业采纳了由（领域）模型范式驱动的应用，并在开放的准标基础上开发他们的方案，比如由 Eclipse 提出的框架（Eclipse Modeling Framework，EMF ecore）。

未来取决于对一套由生态系统驱动的开发、生产和支持方法的强化，这一强化建立在半标准化的架构和领域模型上。我们的目标是把德国现有的、高度分离的开发、制造生态系统的优势同现代开发模式及统一模式的优势结合起来，以确保德国能保持现有的工业生产基地地位。

3.4 战略性的思考

德国为了在上面提及的领域获得市场主导地位或者开拓新的领域，已有的措施和结构必须以增值为目标而进行转化。目标包括如下方面：

- 显著提高增值效率（例如：国防高等研究计划署的 Meta 计划，该计划打算使空中运输产业的效率提升 5 个系数）
- 充分利用（在德国减少的）专业潜能
- 保持现有的有创新能力的生态系统（特别强调一下，也包含中小型的），提升它们的能力
- 动态地建构新的生态系统并且灵活地改变它们

所有这些都只有在一系列合适的措施被成功实施后才有可能

实现。这些措施里的一部分属于信息技术领域。它们有控制指数级增加的复杂性（包括产品和整个增值过程在内）的潜能，但是也可以被必要的转型所善加利用。更多的措施还包括有效的培训、知识共享和组织的发展。

最近几十年 IT 获得了惊人的发展，它渗透到所有生活领域和大部分工业产品中。越来越有效的网络和基础设施为几乎没有限制的信息交换创造了基础。越来越多的产品被 IT 渗透（嵌入式系统、智能设备），甚至包括单个零件（智能标签）。这些与有通信能力的信息技术（逻辑、数据存储、通信系统）相结合，导致了物联网的指数级增长。德国应该通过推进工业 4.0 来利用这些现象里蕴含的可能性。

第四章

中小型机械制造业——系统开发也是灵活和高度创新的

霍尔格·伯切丁（Holger Borcherding）

概　述

德国的机械制造业在国际市场上极受赞誉，公认的取得成功的主要原因是德国机械制造业的中小型结构以及随之而来的较短的决策过程。未来，机械制造业是否能在市场上取得成功将越来越取决于能否更快地设计、开发和生产出有革新性、高性能的机械。与此同时，制造效率更高、性能更好以及更加灵活的机械所需要的技术越来越复杂。此外，技术也面临越来越多法律上的要求，比如节能和可回收等。机械设计的耐用性也越来越重要。

和其他工业一样，机械和设备制造业的结构发生了巨大转变。全球范围内制造商、合作伙伴以及供应商之间的合作现在已经很平常。如今越来越常见的情况是，合作伙伴以及供应商不但要供应部件，而且还要提供工程技术服务——不仅针对部件，而且还包括针对机械或设备以及它们的功能在内的服务。长期以来，伦茨（Lenze）欧洲股份公司（Lenze SE）不再仅仅是传动技术供应商，更多时候扮演的首要角色是工程技术合作伙伴。

机械的开发和运转阶段越来越需要跨专业的合作：设计者、电气工程师、软件开发者、机械及设备制造者之间的合作，还包括部件供应商的应用工程师和上述各单位之间的合作。为此，不断地进行关于新技术和跨专业团队组织的进修成为一项重要措施。但是机械和设备制造也需要更加符合系统化方式的新策略和开发方法。机械里嵌入式软件的重要性迅速增加，而开发这些软件的方法和传统的机械部件开发方式不同。

功能常常是在软件的深层次实现的，这给重复使用造成了困难，导致开发运转花费许多不必要的时间，同时防碍了有革新性的设计概念。人事变更时，有可能很多部分程序都要重写，因为人们不明白这些程序为什么要这么写。未来必须改变这一现象：凡已有的都不应再次创造，而且增值必须来源于新的机械功能。

Lenze 公司所供应的东西是完全按照机械制造商的要求定制的。其目的在于：在任何阶段都对制造商提供支持，并且通过降低复杂性和连带风险使得创新机械的实现尽可能容易。

开发过程中的增值应该转移到新的方面，即创造独特卖点和机械的高性能方面，而不是解决标准任务。对复杂机械软件领域来说这很重要，因为该领域的需求在猛增。推动“工业 4.0”也证明了这点——工业 4.0 强调信息通信技术及软件是未来开发和生产的核心技术。

本文将描述一种跨学科复杂技术系统设计的系统化方法，原则上可用在所有产品和系统开发上。在涉及机械生命周期时还将解释系统生命周期管理（SysLM）的作用是什么。最后让我们来看看高校教育和科学界能为此做出哪些贡献。

4.1 德国机械设备制造业联合会关于机械复杂性的调查

许多机械制造商都希望能从一个强有力的合作伙伴那里以特殊技术诀窍和经验的方式获得支持。德国机械设备制造业联合会在对会员的一次调查中发现，最核心的需求如下[2]：

- 机械制造企业寻求这样一种合作伙伴关系：在它的帮助下能够把关于机械的构思转换为可靠、有革新性并且简单的机械设计。
- 工程合作伙伴必须能够可靠并尽早实现机械设计。
- 工程合作伙伴必须准时实现原型。
- 工程合作伙伴必须具备合适的、供机械运转使用的基础设备。

- 工程合作伙伴必须能够在全球范围内执行可靠的服务、保养和维修任务。

机械制造业里最重要的趋势是越来越呈现出变化多样性和复杂性，同时伴随的是较紧的时间预算。德国机械设备制造业联合会所询问的机械工程师里有83%的人表示：传动和控制技术越来越复杂，灵活的、基于标准化部件的变化式生产越来越重要。与此同时，对大约77%的机械制造者来说从构思到进入市场的时间减少了，而带来的结果是机械制造企业的压力越来越大。

机械制造商所处的市场环境中最重要的框架条件如下[2]：

- 复杂性持续增加的机械必须在短期内投放市场。典型案例：对于日常消费品的包装机械来说，包装的外形和可变化性与被包装商品本身相比越来越重要。
- 总的（社会）环境对机械运转的节能性要求很高。资源需要珍惜。高水平工作的增加导致专业人才缺口普遍存在，给生产带来压力。
- 生产工序耗时越来越短，同时企业必须能够应付产品和生产过程的高度个性化。

按照大约63%接受调查的机械制造者的观点，由于要求不断提高，增值链条上供应商的责任增加了。供应商责任的增加和机械复杂性及变化多样性的增加导致82%受调查者希望同供应商紧密合作，尤其是在开发和制作原型阶段。相应地，超过一半的开发者希望拥有一个合作伙伴，由合作伙伴把开发者的想法和设计转化为可靠、富有创新性同时又适度简单的机器。

有各种不同的需求规约就会有机械模块化，以及建造与之相关的机电一体化单元的生产供给。这方面在机械中扮演中心角色的是电气传动装置。在生产和物流中，对大量机械的分析表明，使用电气传动设备的机械任务共有 12 种（图 4.1）。借助模块化降低了复杂性，同时可重复使用的机械零件及开发成果的比例提高了。通过这种手段也可能实现质量的提升。

图 4.1　12 种机械任务[3]

4.2　要求和挑战

流水线生产的机械产品里工程费用占总费用的 20%，可见工程的价值很高[2]。在单一机械或设备中这一比例更大，可能会高达70%。工程的重要性还会进一步上升，因为可观察到的情况是：复杂性在进一步增加——尤其是在传动和控制技术领域，变化多样性也在提高。同时应当指出的是，为开发机械产品所留的时间将变少。

因此，机械制造企业寻找在单个机械产品的开发阶段能够一直伴随的工程合作伙伴。特别是原型必须准确而及时地实现。除此之外，由于机械制造行业的特征是中小型企业，因此合作伙伴必须拥有一个全球性的基础设施，以便执行机器运转和保养的任务。中小型企业虽然也具有国际化的市场销售结构，但是和大公司相比，它们的任务范围通常没有到达组件软件的深度。

4.3 机械解决方案生命周期的五阶段模型

从最初的想法到最终报废，一台机器的生命周期大约是20年，如果翻新则还可延长10年。为了让名副其实的紧密伙伴关系在这么长的时间段内得以维系，为了能适应于以产品生命周期的“用例（Use Cases）”为目标的供给，Lenze公司的一种把生命周期分为五个典型阶段的分配方式被证实是有意义的。每一个产品开发过程的参与者都懂得这种分配方式（图4.2上半部分）：

1. 形成创意：形成创意并定制大纲。

2. 制订草案：定义机器模块及功能，并确定基础自动化架构。

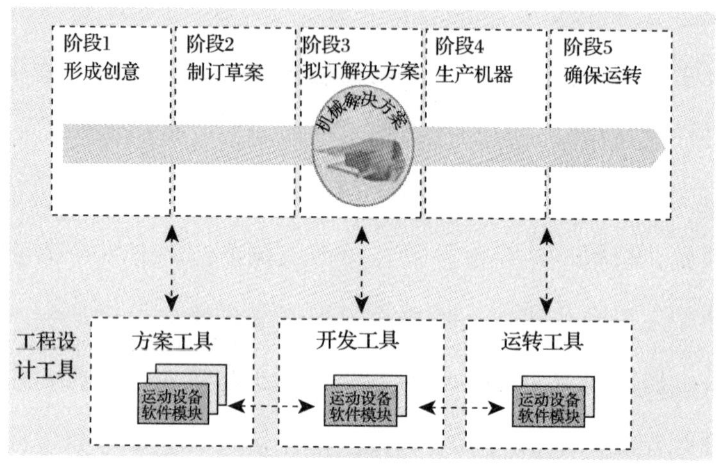

图 4.2　完成机械解决方案的五个阶段

3. 拟订解决方案：制订解决方案，包括传动系的设计以及传动和控制部件的选取，还要准备好软件模块。

4. 生产机器：制造机器，同时或者稍后完成机器用软件的生产。

5. 确保运转：机器在最终用户处的试车及运转。必须保证机器的可用性。在这里重要的任务是状态监控、优化和紧急修理或（预防性）维护。

解决上述要求的手段产生于不同层面，必须相互协调：

- 沿生命周期的工程设计工具
- 包括应用软件在内的产品组合
- 开发机器时的合作

4.4 工程设计工具

部件制造商必须通过合适的工程设计工具来支持这一过程。改善工程生产力的一个重要起点是清理尚广泛存在于整个工具链上的缺口。

一条工具链应覆盖整个生命周期：方案设计阶段、开发阶段和运转阶段（图 4.2 下半部分）。整个过程中只提供一种工具被证实是不明智的。比如，如果维护工具里包含了供自动化部件编程所需的功能，就可能会带来不良后果。这不仅使得工具不必要的复杂，而且也让维护人员难以操控和学习。此外还有一种风险，即开发阶段早期实施的优化和特别设置会被无意地改动。

明显有效和可靠的做法是，在项目的不同阶段提供量身定制的工具，也即工具是按照项目参与者（设计师、控制程序设计师、可视化程序设计师、维护技师）的任务和工作方式制定的[1]。

在工程过程的不同阶段会使用多种工具，但是数据保存要确保一致。只有这样才能实现不同工具间的无缝对接，这既避免了数据多重输入，又简化了（机械和电气）设计师与软件开发者之间的合作。信息交换在这里是重要的，因为一般来说在这个领域里不仅仅组织上是分开的，而且对项目也会有个人的看法[1]。

数据保存的通用性只可能通过全面的产品生命周期管理（PLM）或者说通过全面的系统生命周期管理（SysLM）来确保。

后一种说法是为了强调现代机械和设备中系统的一面。

图 4.3 是一幅概览图，展示了这种通用性工具看起来可能是什么样的，以及使用这些工具的是哪些目标群体。

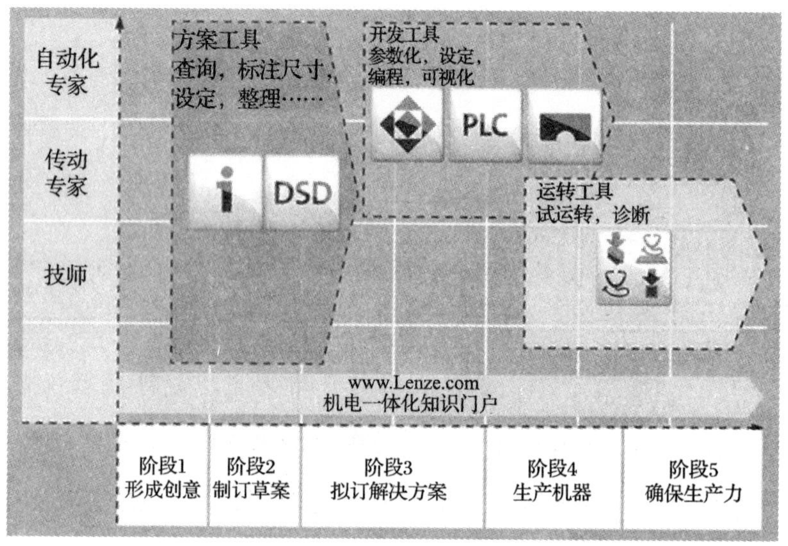

图 4.3 工程设计工具

为了让定制工具组成的通用性链条的优点得到最大发挥，由工具给定的工程流程必须面向用户的开发程序。因此工具应该从机器或设备的设计阶段开始直到制订解决方案阶段，都一直对设计者提供良好的支持。虽然在实践中，运动的力学、过程以及重要的过渡点通常很重要，但 Lenze 公司仍把机电一体化任务的描述放到工程过程的中心位置。

有预制的、可参数化的功能部件和模块随时准备让人们取用，这些部件是独立于中心式或分散式结构的自动化设备的（图 4.4）。

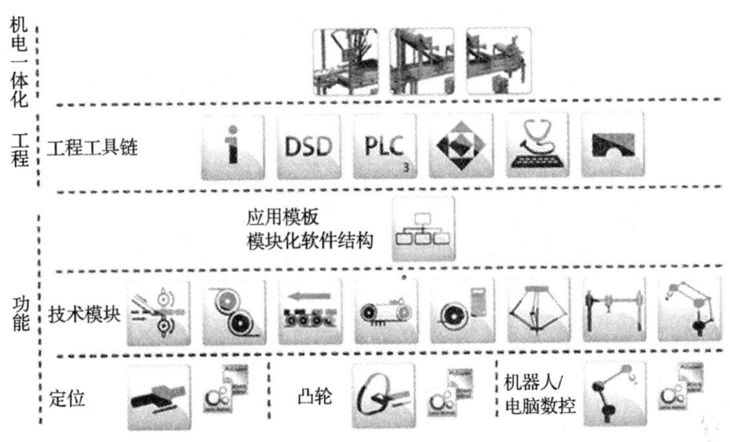

图 4.4　软件模块

利用程序模板（应用模板）可以简洁地构建这些模块，并且做数据技术上的关联。工程设计工具中提供的这些模块既可以简化编程，又可以使软件的重复使用变得容易。编程环境必须足够开放，以便用户可以用定制模块的形式引入自己的技术知识。在这点上，使用类似 PLCopen 这种开放标准是有益的。

前面提及的德国机械设备制造业联合会的研究还显示，众多机械和设备制造商期望的不仅仅是有效的工程设计工具。中小型机械制造商还需要这样的传动和自动化部件厂商，这些厂商作为工程合作伙伴能够伴随整个从构思到运转的全过程。Lenze 公司很早就意识到这一趋势，不仅在全球大规模扩展了应用支持，而且还提供了针对行业的专门模块。必须提及的例子是厂内物流。Lenze 公司的厂内物流客户都是能提供一个完整物流中心的大公司。作为自动化解决方案的供应商，特别重要的是精确了解仓库的流转，以便在任何阶段对工程过程提供最优化支持。对于货架控制设备、水平和垂直传送设备、穿梭式储存系统以及许多其他应用，Lenze 公司都准备了完整的预先模块化解决方案以装备仓库。这给设计和实施阶段带来很大好处，特别是当最终用户有必须满足的特殊要求时。在这里，预先准备的解决方案和通用的工具链能帮助我们协同机械制造商一道迅速实现客户的要求。

4.5 人口变化，教育和继续教育

开发和建立一个技术系统需要在工程的每个阶段都有全身心投入的人。最重要的是您必须参与制定系统开发方法。为此必须有大局观。在这里有用的不是个人的特殊专业能力，而是在一个来自不同领域、具有不同经验的专业人员组成的团队里，在开发阶段早期就能制订出可行性草案的能力。为此，必须不断打破知识领域的边界，这些边界由于教育、几十年的习惯性开发流程和到现在为止经受了几代开发者考验的技术而被巩固和加强，并导致专业部门间彼此完全隔离。

在快速变化的年代，高校里频繁产生新的方法。很大程度上，新技术在高校这种独立的环境里孕育成熟，并在短时间内达到相当高的水平。特别是，在这里研究工作还另有优势：年轻的、未受技术或者公司文化影响的学生们更愿意尝试新事物。

新方法被年轻的毕业生从高校带到公司里去。这在扩张时期是自然而然的事。相对而言，员工平均年龄较低的公司明显更具创新性，成长也更快。3S-Smart Software Solutions 有限责任公司就是一个很好的例子。这家公司 1994 年成立时只有两个人，他们通过 codesys 建立了支持 IEC 61131 的工业计算机及嵌入式系统所用编程系统的标准。这期间公司雇佣了超过 100 名员工，平均年纪都不大，大部分是高校毕业生。年轻员工关心新的、在未来能够实现的知识。

现在人们还能在多大程度上担忧人口变化会限制知识的重焕青春呢？

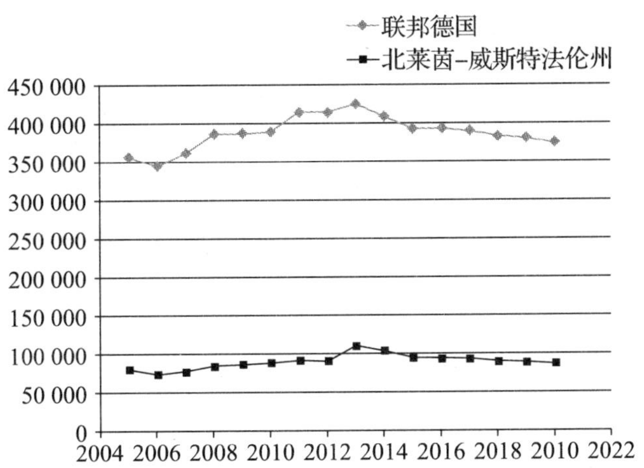

图 4.5　2012 年德国文化部长会议预测联邦德国及北莱茵—威斯特法伦州的大学新生人数

图 4.5 展示了 2005 年到 2025 年德国以及北莱茵—威斯特法伦州的大学新生人数。到 2012 年为止是实际人数，之后的数值来自 2012 年德国文化部长会议上的预测。可以看到的是，联邦德国

2006年新生人数到达谷底，为345 000人；之后人数上升，到2013年由于特别原因将达到489 200人的最大值；再往后则以每年平均1%的速度缓慢下降。

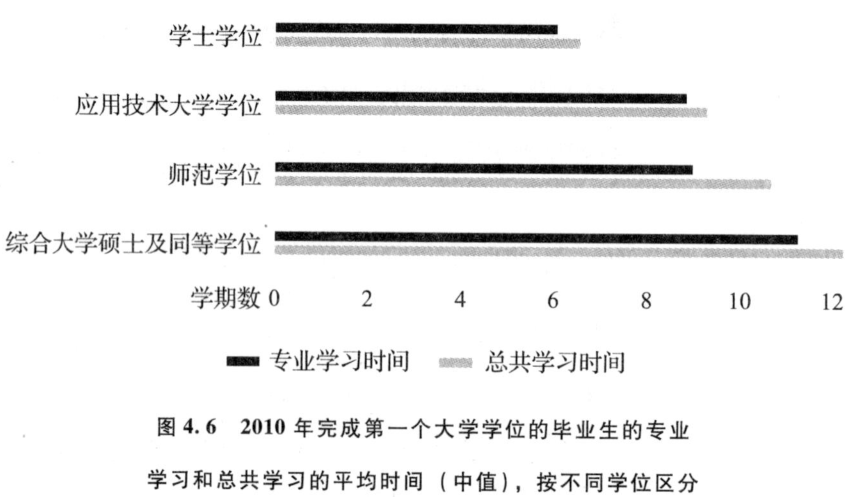

图4.6 2010年完成第一个大学学位的毕业生的专业学习和总共学习的平均时间（中值），按不同学位区分

（来源：联邦统计局，威斯巴登[5]）

按照在德国平均学习时间为大约10个学期来算（图4.6），5年后将迎来毕业生人数高峰。然而趋势会降得比较平缓，因为大概一半以上的毕业生在拿到学士学位后会开始工作，特别是有应用技术大学技术类学位的人。

综合性大学毕业生一般都拥有硕士学位，学习时间大约是11个学期[5]。

和开发技术系统相关的三个专业是电子技术、计算机科学和机械制造。从现在的学生人数来看，各专业占学生总数的比例如下：

- 电子技术：2.6%

- 机械制造：4.5%
- 计算机科学：3.2%
- 总计：10.3%

（来源：Statistisches Bundesamt，Fachserie 11，Reihe 4.1）

工科专业成功拿到学位的比例是 76.2%。据此可以认为到 2025 年为止，每年大约有 31 000 名毕业生，外加轻微的回落趋势。由此得出每年从高校毕业 10 000 名计算机人才。计算机工程、环境工程和传媒信息学这样的相邻专业不计算在内。

如果公司希望这些德国的职场新手们带来新的知识和工程方法的话，就必须利用这些毕业生群体。只要德国的职业前景总体上是好的，那么不管经济上如何努力，这些专业的突然繁荣都是看不出来，也是无法预期的。

比较职场新人和退休者的人数，可以看到对工程师及程序员来说，每年退休和新工作的人数大致相等。此外，工程师的平均年纪只有 44 岁。看起来，在开发及制造智能技术系统相关的专业领域内，假定员工人数在较长时间内基本持平是合理的。直到出生于 1961 年至 1970 年这一生育高峰年代的人退休，这种情况才会改变，也就是说这种改变将发生在大概 15 年之后。从那时起，退休的工程师人数将明显占多数。

系统开发所需的新知识和方法技能，通过青年专业人才带到企业只能是有限的，原因在于专业人员中他们的数量相对较少。

为了能够应对未来的要求，职业进修愈加重要。传统的继续教育，就如同企业里实际进行的那样，基于分专业的培训，并且大都在几天内完成。大部分公司提供的进修项目分为一般培训（语言、软技能）和专业技能培训。

通常，所有的培训在原则上不会改变从前上学时的专业方向。比如，一个熟悉机械设计的工程师，在培训中通常不会去学计算机，而是学他本行里的新东西。

但是对于系统开发来说，跨学科的能力非常重要。为此，短期培训是不够的。继续教育必须大力加强，除包含新的技术和方法外，还要教授系统工程的专业知识。这些都要花时间。

4.6 给大学毕业者的大学课程

看起来在这里谈给大学毕业者的大学课程是合适的，因为大学课程能够传授职业化所必需的知识，这些知识是全面的而非正好应付眼前需求的。但是这种课程并非建立在中学毕业水准之上，而是必须有广泛的预备知识。也就是说它不是大学基础课程。对于顺利从大学毕业的人来说，这些东西已经在第一次大学学历中得到了证明。这些人在判断哪些东西对于有效学习更重要方面明显更有经验。尤其重要的是：这样的继续教育必须是和工作同时进行的，否则生计便无法保证。

大学课程分为学士和硕士阶段，这给工科知识的深化和重整提供了途径。学士课程通常从基础课开始，仅在最后一学期才提供对继续教育来说有吸引力的内容，因此颇不适合在职深造，因为已经从大学和职业经验中获得了预备知识的工程师或者程序员在这里学不到什么。许多硕士课程则设置了前提条件，要求人们已经从之前的大学学习中掌握良好的专业知识，并且知道如何学习。此外硕士课程的内容划分也非常广泛。

合适的继续教育必须使得大学课程能和工作平行进行。比如远程教育就符合这一要求，正如数十年来哈根函授大学（Fernuniversität Hagen）所成功实践的那样。

另外一种可能是，现在的大学专业提供在职者可以参加的周末课程。和教学内容相同的全日制课程相比，这种课程的学习年限应该延长，这样工作之余为课程耗费的时间才是合理的。此外，在三个学期内，全日制的每门课程都要在周四、最好是周五上课。这样全日制和在职学生就能一道上课，不再需要额外的教师。这对高校尤其重要，因为教授人数是一个限制性因素。通过这些，在职学生可以保证在学习期限内在周末听到所有的课程。这种方式原则上向继续教育敞开了硕士课程的大门，而且没有明显的额外负担。

从下一年起，东威斯特法伦—利普应用技术大学（Hochschule Ostwestfalen-Lippe）将在硕士课程上把这种想法变为现实。首先实施的专业是莱姆戈（Lemgo）校区的硕士课程“信息技术”。电子工程系和计算机工程系已经从 2003 年起开始提供国际硕士课程“信息技术”，学位是“科学硕士”（M. Sc.）。这是一个历时 4 个学期用英语授课的课程，将带领学生深刻认识用于智能技术系统的工业信息技术。从 2013 年起这种课程将同时提供给在职学生。

学校对此课程的描述如下：

本课程针对在电子工程、信息技术、计算机、机电一体化及相关专业完成学业（有职业学院、应用技术大学或综合性大学的硕士或学士学位）的专业和管理人员。课程设计为全日制学生和非全日制学生共同上课。全日制学生的学习期限为 4 个学期，非全日制学生为 6 ~ 8 个学期。

课程将传授扎实的理论及实践知识和能力。范围包括概率统计、离散信号及系统、高级算法、嵌入式系统设计或工业软件工程。此外还有关于分布式系统、信息融合、智能技术系统、网络安全和可用性工程的深入课程。科学方法和写作、管理技术、工商管理、创新和发展战略也包含在课程内。这些知识都将在实验室或者专题研讨会上得到深入学习。

这里简单描述一下参加上述课程的要求。首先是入学条件，也即第一次大学学历——在专业分布上很广。这样，那些工作多年并且曾经获得过大学学位的机电一体化工程师或者电气工程师也可加入。此外，全日制和非全日制学生一道上课体现了方案的经济性。课程在很大程度上是免费提供的。和私立高校相比，这是一个显著优势，特别是在雇主不负担费用的情况下。

涉及智能技术系统工程，还有两个重要方面：第一，此专业是英语授课，对国际化来说这是必要的；第二，该专业许多课程对技术系统来说是必不可少的，比如智能技术系统、网络安全和可用性工程。

德国许多综合性大学和应用技术大学都有在职硕士课程的计划。这是一个重要趋势。课程内容的确定必须能帮助工业界应对从工业 4.0 到部署系统生命周期管理的变革。

为达到这些目标，科研的重点也必须有明显变化。国家发展规划必须提供足够的资金来支持经济面向科技的调整，这点在政治上看起来特别重要。

4.7 向应用型研究转变

近年来联邦政府加大了引导科技开发的力度。首先来看看为研究和开发而提供的资金（图 4.7）。图 4.7 显示，这类资金从 2005 年的 91 亿欧元持续上升到 2012 年的 138 亿欧元。除了上升

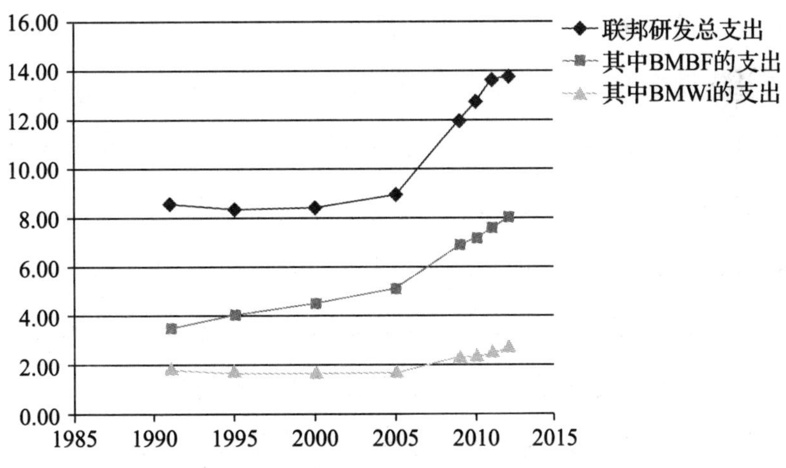

图 4.7 1991 年－2012 年联邦和选取的政府部门的研发支出，单位为 10 亿欧元。

（来源：Datenportal des BMBF[6]）

阶段，还可看见1991年到2005年的停滞阶段。很明显这里发生了转变。支撑联邦德国科研的主要是两个部门：联邦教育与研究部（BMBF）（2011年：76.2亿欧元）以及联邦经济和能源部（BMWi）（2011年：26.3亿欧元）。这两个部门负责不同的研究重点。联邦教育与研究部的主要任务是促进科研，而联邦经济和能源部更多的是推进开发，这和产品引介的关系更近。

联邦政府通过高科技战略确立了自己的目标，并视德国工业的竞争力为绝对不可缺少的东西。高科技战略确定的五大需求领域为：气候/能源、健康/营养、机动性、安全和通信。这些需求领域和欧盟第七次科研框架计划相当类似。

对系统开发尤为重要的信息与通信技术被确立为核心元素。德国环境与自然保护联盟（BUND）每年总共为此提供大约6亿欧元。其他关于新技术的措施体现在中小企业促进计划中，总共大约是资助金额的两倍（13亿欧元，2011年）。

整体上来看，科学与工业的联合研究增加了，因此应用型研究也增加了。和20世纪90年代相比，应用技术大学得到的支持明显增加。这也是迫切需要的，因为大部分的工业界新生力量都是应用技术大学培养出来的。通过活跃的科研和教学转化而实现的知识更新是把新科技顺利引入教育的优秀措施。

联邦政府为强化上述需求领域而使用的另一手段是高科技研究集群。一个相应的项目是联邦政府从2007年开始实施的尖端集群竞赛。

尖端集群竞赛的目的是支持最有能力的集群进入国际顶尖行

列。通过支持优秀集群的战略发展，从区域性创新潜力到长期性经济附加值的转化将得到增强。这将保障经济增长，并解决就业问题。同时，作为创新基地的德国也将更具吸引力。

直到2017年，有15个尖端集群获得了总计6亿欧元的资金支持。从内容上来说，和系统生命周期管理极为接近的集群是北莱茵—威斯特法伦州的it's OWL（东威斯特法伦—利普智能技术系统）。这一集群的目标是智能技术系统，计算机科学和工程学在这一系统中呈现为共生关系。参加it's OWL研究的共有174家来自机械制造、电气及汽车配件行业的合伙人和企业，还包括5所代表着未来科技的地区高校。这里的关键技术是信息和通信技术。这个集群的许多目标指向和项目都和未来主题“工业4.0”吻合[7]。

机电一体化在创新上的最重要目标应该是智能技术系统的实现。这种系统可供生产、家庭和商业之用，也可以在公共基础设施使用，节省能源，操作直观而且可靠。涉及范围从智能传感器、机械、家用器具、汽车的传动和自动化方案到网络化的生产设备。通过转移项目使得新技术对于大量中小企业来说也是可以利用的。接近实用是一个决定性因素，这在集群it's OWL中一定程度上是由于经济在研究课题和总资金中所占的高比重（约55%）而决定的。

除信息与通信技术外，系统工程是it's OWL的第二根支柱。其首要目标是通过合适的开发方法论塑造极为复杂的技术系统。在这里跨学科的开发过程是必需的，以便机械工程师、电气工程师、计算机工程师、机电一体化工程师和数学家能共同合作。为此需要4.5节中提到的能力，也需要源于技术系统开发的能力。

4.8 作为未来复杂系统工程实例的ENTIME项目

将借助于集群it's OWL向智能技术系统拓展的工程过程，从许多局部视角来看，是以研究项目“智能机电一体化系统的设计方法”（ENTIME）为依据的。这一项目由帕德博恩大学领导，已于2013年结束。项目研究了设计复杂系统的新方法，特别是把语义网和基于模型的方法联合起来，用来更快地找到具体机器的解决方案。

语义网是从万维网（WWW）和互联网进一步扩展出的新概念。在物联网的扩展框架内，机器能够处理机器搜集到的信息是必不可少的。用人类语言表达的信息——特别是出现在互联网上的——也应该具备能被计算机所“理解”的唯一的含义表达（语义学），至少是能被计算机所处理的。工业开发过程的应用应该设法做到：通过符合要求的网络检索，能够找到产品开发所必需的部件的信息。更确切地说，要让广大供应商都能做到这一点。这里的部件指的是具备具体工作原理的解决方案中的要素。

ENTIME项目有三个具体目标：

1. 实现并在工业上应用一套跨专业的设计工具套件（方法、规范技术、软件支持）。

2. 在参与其中的合作企业中实现较快的产品创新。

3. 在项目进行的时间内建立广泛的用户圈子以维护和传播制定的标准，并且就开发语义网的可能而对企业进行培训。

这三个目标将在下面通过设计机电一体化系统的做法来解释(图4.8)。

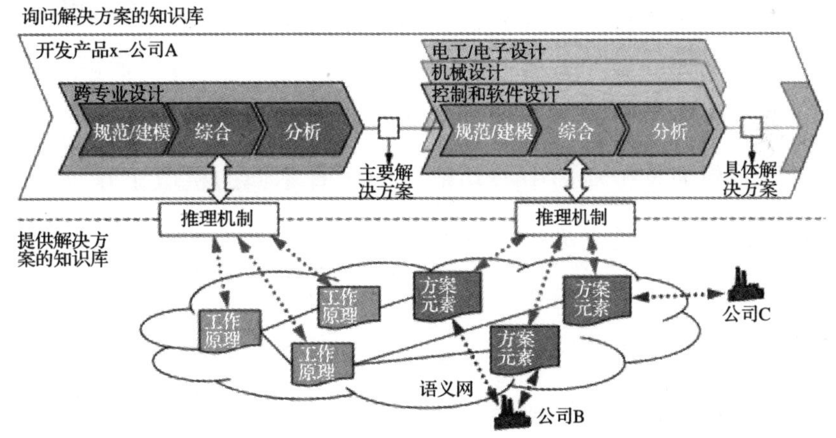

图4.8 设计智能机电一体化系统

(来源：帕德博恩大学，Heinz Nixdorf 研究所)

设计的第一步是拟订跨专业领域的草案，其成果就是系统主要解决方案。这里覆盖了三个任务范围：

1. 在描述和用计算机表达设计意图方面的规范化/模型化。

2. 综合，也即借助于工作原理和方案要素的实践和改良。

3. 分析，就是通过形式化或实验方法实现的模拟和验证。

跨专业领域的主要解决方案将在单一专业领域被特别具体化并加以处理。在每个专业领域都分别执行相同的步骤，最终合并成具体的解决方案。项目中尤其重要的是控制设计和软件设计，它们被证实是最大的模拟应用领域。可以证明，大部分具体解决方案都是可以通过类似 Matlab/Simulink 或 Simulation X 这样的模拟工具开发出来的。

项目中，无论在合作企业开发产品时，还是在建立技术示范时，都要运用开发方法论。解决方案的要素及其模拟模型由工业合作伙伴提供，比如电气传动方面的可以由 Lenze 公司提供。

有一个工作原理的例子是传送带，在所有功能里面，必须为传送带实现的是传动的中心功能。为此有不同的机电工作原理可以考虑，比如通过直流电或交流电工作。基于维护费用低和简单的设备安装的要求，被选中的是三相交流电，可供使用的工作原理有异步和同步电机。之后就是具体解决方案的改良。为选择工作原理，开发工程师得到的支持包括对功能和工作原理的恰当描述，以及基于语义网络的合适的推理机制。推理机制是一个基于知识的系统的组成部分，它的任务是从知识库导出结论，而这一结论将为待处理问题的解决方案做出贡献。

结果可以证明，模拟技术的运用促进了系统观点的运用。此外很明显的是，在综合过程中必须重视不同部件的相互作用。一个例子是，一个速控传动装置的最大力矩和当前变频器/马达组合的关系。

这必须是自动提供的，否则很难得出优化的解决方案。

另一个重要的结果是跨学科领域的开发过程。受专门的学科术语所限，在规范化阶段，在所有对模型化至关重要的方面实现统一命名是极其重要的。这发生在所有专业领域的合作中。在本项目里，针对跨学科领域的模型化采用了一种形式化的做法，在这种做法下用词规定是强制执行的。为了在复杂系统的产品开发中强调各专业间协调一致的绝对必要性，上述方法被取名为CONSENS®。

4.9 结论

本章探讨了开发智能技术系统的不同方面。

首先展示的是，在从构思到售后的整个机械工程过程里，一家配件商应该如何以工程合作伙伴的身份，在优化已有机械或开发新机械中支持身为复杂技术系统生产者的机械制造商。在这里通用的自动化解决方案是极为必要的。这种方案将简化制造商对机器的实现、生产以及服务。在生命周期不同阶段的工程服务创造了自由空间，扩展了竞争优势。

然后分析了高校教育，展示了强化的在职教育，比如非全日制的大学学习，这些对于维持技术系统开发所需的专业水准来说是适宜的。

最后探讨了国家对科研的支持。特别是，我们展示了根据联邦的资助重点，科研更加倾向于应用型研究。给出的两个例子——尖端集群 it's OWL 和研究项目 ENTIME——证明了系统工程将如工业 4.0 所预期的那样，在未来复杂技术系统的产品开发过程里具有极其重要的价值。

参考文献

[1] Gtz O, Walter A (2012) Optimierung des Engineering-Prozesses durch Kooperation zwischen Maschinenbauer und Komponentenlieferant, Tag des Systems Engineering2012, Paderborn. Carl Hanser, München

[2] Maschinenbau-Institut GmbH (ein Unternehmen des VDMA) (2011) Studie Ease of Engineering. Frankfurt

[3] Kiel E (Lenze AG) (Hrsg) (2007) Antriebslsungen-Mechatronik für Produktion und Logistik. Springer, Berlin

[4] Gtz O (2012) Intelligentes Bewegungsdesign im Zentrum effizienter mechatronischer Engineering-Prozesse Komponentenbasierte Software-Architektur ermglicht durchgngige und mageschneiderte Engineering-Werkzeuge, Computer & Automation

[5] Statistisches Bundesamt (2012) Hochschulen auf einen Blick, Ausgabe

[6] Bundesministerium für Bildung und Forschung (BMBF) (2012) Deutschlands Spitzencluster-Germanys Leading-Edge Clusters, 2. erweiterte Auflage. BMBF, Berlin

[7] it's OWL Clustermanagement GmbH (2013) Wie die Intelligenz in die Maschine kommt. Informationsbroschüre, Paderborn

第五章

使用基于模型的软件和系统工程作为一致性系统生命周期管理（SysLM）的元素

曼弗雷德·布罗伊（Manfred Broy）[㊀]

概　论

软件在技术产品的广泛渗入以及伴随其而来的网络化在使产品性能增强的同时，也使得产品的复杂程度越来越高。其主要表

㊀ 曼弗雷德·布罗伊（M. Broy），计算机系—软件和系统工程教研室，慕尼黑工业大学。地址：波尔茨曼大街 3 号，加兴，德国，邮编：85748。电子邮件：broy@ in. tum. de U. 森德勒 U. Sendler（编辑），*Industrie* 4. 0，Xpert. press。
DOI 10. 1007/978-3-642-36917-9_ 5，©柏林海德堡施普林格出版社，2013。

现为：这些产品在更具效率的嵌入式电子技术基础上不断增加的软件份额以及与电子网络系统的连接。

软件作为产品研发基础的这一战略具有决定性意义。软件确定的产品模型越来越多地主宰了产品的性能和用途。不断增加的软件份额，随之而来的多种功能，以及受这些功能影响的用户界面、网络、通信和复杂的反应模型，这些都要求对产品进行数据建模和产品生命周期管理直到系统数据管理、系统生命周期管理和系统数据建模的传统方法和概念得到进一步开发。这就需要以某种方式对系统结构进行建模，并且确保此模型能够作为相应系统数据管理模型的基础。然后使系统的开发过程以完全不同的另一种形式进行系统化。只有这样，才能通过固有的复杂性掌握高效率和功能的多样性，通过相应的成本模型进行生产。

5.1 导论：一致性系统生命周期管理（SysLM）的挑战与潜能

现今诸如汽车领域的高科技产品，都具备一定的系统特征。系统一般会显示出跨学科的技术设计，复杂多样的表现和内外部紧密的依赖关系。也就是说，必须从传统产品研发中成熟的模块设计原理中进一步开发出一种方法，通过这种方法不仅能够控制纯粹的模块元件组装，而且还能够灵活掌握集成子系统的技术。[1]

这样做的原因是多方面的。

- 软件的作用日益重要且子系统的网络化需要高效集成方法。
- 以软件为基础的功能范围的日益扩大也使得对软件的依赖性更加强烈，从而要求设计时必须兼顾综合性和全面性。

这尤其需要：

- 必须前后一致地采用源自系统工程的方法，其中包括需求工程和体系结构的强势主导作用。
- 产品多样化必须在平台的基础上通过相应的原则确保体系结构的设计[4]、变体建模、兼容性问题及软件运行范围内的一致性。
- 必须使用研发中的模块对现有生产模块加以补充（系统生产线和变体管理）。

原则上，这需要高度系统化和具有一致性的研发过程，并明确系统开发中跟踪的不同目标和要求网络的重点，从而能够以透明和可回溯的方式开展工程中所需的决策任务和优化任务。

这尤其需要采用以下方案：

- 现有系统/产品数据模型（CAD 模型）的扩展和完善中全面的系统模型和体系结构模型。一方面，系统/产品数据模型可用作过程方法的基础；另一方面，系统/产品数据模型也是在支持工具中数据建模的基本框架。
- 在确定目标和产品设计的研发早期阶段和在向上与系统规范联网时以及在实施解决方案过程中，支持补充适于系统的意见。

这一方法必须适用于模型化系统模块理念，并且同时还要能够通过以 IT 为基础的工具打下贯穿整个生命周期对从产品定位开始到详细规定的全面且一致性支持基础，则其中包括实际研发对生产、运行、停产和处理系统的支持。

这些工作的核心问题是：怎样的产品和系统的开发流程才能在未来的 20 年里适用于产品和工艺设计、确定适用于此的项目结构以及开发全面的、可持续的做法。[8] 要实现上述构想，需制定出一个详细的、可用于开发项目结构、基于系统建模方案的系统数据模型和产品数据模型，以及模型研发、生产、运行及维护的流程模型。此外，还应从合适的抽象层面上规划出各个方面，设立目标、系统特性、系统需求、功能层次结构、符合逻辑的解决方案和最终解决方案直至元件的相互关系。进而制定并最终确定计划项目的基本原则、内容和结构。

通过功能强大的开发工具支持数字工程研发是一个很重要的步骤。只有在适合的系统产品数据模型和全面而有条理的研发流程的基础上，才能有针对性地确定应当为各个流程环节选择哪些工具，以及针对这些工具选择哪些合适的生产厂商作为企业的合作伙伴。

5.1.1 从产品到系统：产品开发中的系统工程

如今的开发活动有从产品转到系统的特点——由于其中软件技术应用份额的不断扩大和嵌入的电子技术，现今产品的特点与传统产品相比有很大的不同。产品系统化的过程具有多样化的特点：日益开放的系统、数据交换以及为此必须以一种截然不同的形式集成于不同国家相应的产品系统环境中。与单纯的组装型传统产品不同，如今的系统多为集成型系统。因此，产品开发不可避免地成为系统工程。

5.1.2 从产品到系统生命周期

随着产品特点转向系统的变化，其生命周期也随之发生了戏剧性的变化。产品以系统的形式与其他系统进行数据交换，并且由于技术的飞速发展，这种交换也因此而始终处于非常迅速发展的状态中。这点也可以从典型的系统产品设计上反映出来。再加上产品设计可能性的增多，因此需要不同的产品开发和产品设计方法。系统功能的体系结构和定义成为了核心问题。需求工程也就随之变得非常重要了。

以上特点也反映在开发过程中。在软件开发时，我们也必须要考虑到这些因素，并将其转移和拓展到产品开发中。这就要求有一个严谨的方法，在这个方法中，只有突出的要求和需求工程方面的主题才被赋予主要意义。最重要的是体系结构设计任务，毕竟，这类产品的集成不仅是在产品内部，比如要集成来自子系统的产品，而且还要在至关重要的产品大环境中完成。为此，应当应用软件开发技术和相应的过程，特别是从 V-Modell XT 中得出的相关方法，毕竟，这些都是以前后一致的项目定位为中心的，并且由此而得出的方法会由于系统数据建模的原因而与系统生命周期模型高度兼容。

软件工程可扩展至系统工程中去。[3]

5.1.3 系统工程中的连贯性

在开发的框架下，尤其需要通过应用模型逐步设计出系统的各个主要部分，并且以一个系统的方法将收集到的信息和模型变为下一步开发的基础，以便能够由此而完成进一步的模型。这些模型的关系对于开发过程的确认、验证和跟踪都具有非常重要的作用。

因为相互关系的复杂性和文档的必要性，还有体系结构的原因，建模的方法是必不可少的。但不要忘记，在发展流程框架下的全面建模也是非常昂贵的。如果有一个清晰的思路，知道在开发的哪些阶段中应当创建哪些模型，并且知道如何尽可能富有成效地将这些模型在其他开发的范围内进行相互转化并应用于其他开发项目中，这些费用的付出将肯定是能得到长期回报的。

5.2 基于模型的软件和系统工程：现状

在上述所描述的发展的行业中，人们开始努力选择一种连贯性的基本模型，作为开发高效系统的基础。所以，在前几年产生了建模语言，并且为开发基于适当模型的系统而探索出了一系列的方法。为此，最重要的是首先要有一个恰当系统概念，而这个概念必须能够满足基于建模的系统开发的要求。这个系统概念必须具有不断变化且多样的系统功能、高标准的质量要求和能力、通过此模型支持的开发过程的特点，尤其是在确认、验证、集成和更新换代等方面。

5.2.1 界面

来自于软件工程的工程系统的核心环节就是系统界面。在系统界面中描述了该系统与其周围环境的相互作用。这一界面概念支持了系统工程的几点关键性原则。一方面，可以通过决定性的简化减少界面性能方面的系统，从而由此减少系统在其背景中的功能性。另一方面，需从模块化角度为界面表现选择相应的模型。人们将各个系统组合在一起，其目的是从单一系统的界面说明中开发出整体系统的界面说明。界面说明的这种形式可同时设置模块化、组合和系统集成。其目的是，通过合适的界面和合成操作，在子系统的基础上创建系统。

组合概念和界面概念也是一个结构主题的概念。架构是指在合理的角度上对主系统进行分解，以便能够通过相应子系统或子功能构建出整个系统或整个系统中的某个特定方面，例如：功能性。

人机互动赋予了现今系统一个特殊的意义。现今人类所设计的产品与人类的互动日益增加，在工作流程的深入性方面，也达到了以前任何一个时代都无法比拟的效果。这要求界面概念及需求获取方法都在上述角度上保持一致。人本工程和人机互动也成为了这一行业的关键词。

有针对性的工程系统的重点在于减少复杂性。这意味着，为了能够抛开技术细节对系统的主体进行研究，应有一个尽可能抽象的简化模型。这样做的最大优势就是可以将系统的功能性和逻辑性与实现它们的技术分离开来。这尤其为系统群的长期开发提供了一个有利因素。

描述性方法成功的一个决定性因素是大幅度降低成本。通过由具体工具支持的自动化、尽可能多地再利用其他系统中的开发部分和控制系列产品的开发，可以达到这一目的。在这里，关键词产品线具有非常重要的意义。

5.2.2 系统概念和建模

系统开发最主要的一点就是有一个合理统一的系统概念。因为系统并不是孤立地运行的，而是各个系统相互集成在一起，并因此而彼此间相互作用，因此，这一概念在系统工程中变得越来越重要。再加上，一个系统并不是仅由一家企业制作而成，而是由整个企业圈共同参与制作的。因此，统一的系统概念具有决定性意义。

系统以及系统分解控制部分的清晰概念化的基础是足够精确的系统建模。所建模型必须能够充分体现系统的相关属性。

现今的系统是“异度物理系统”，亦即由软件分配的组成部分、电子组成部分以及机械组成部分和物质实体构成的。因此，这类系统模型的建模也是开发的一项重大挑战。虽然，每个学科都已经进行了几十年综合建模方法的开发了，这些方法也在实践中得到了应用，但直到今天，距这些建模方法之间的集成和协调化仍有很大的距离。

5.2.3 系统观点

以统一的观点开发系统是实现上述统一模型的重要条件。图5.1展示了统一系统观点的一个这样的方法，其受到软件工程的强烈影响，但是，希望这可以推广到其他系统组件中。

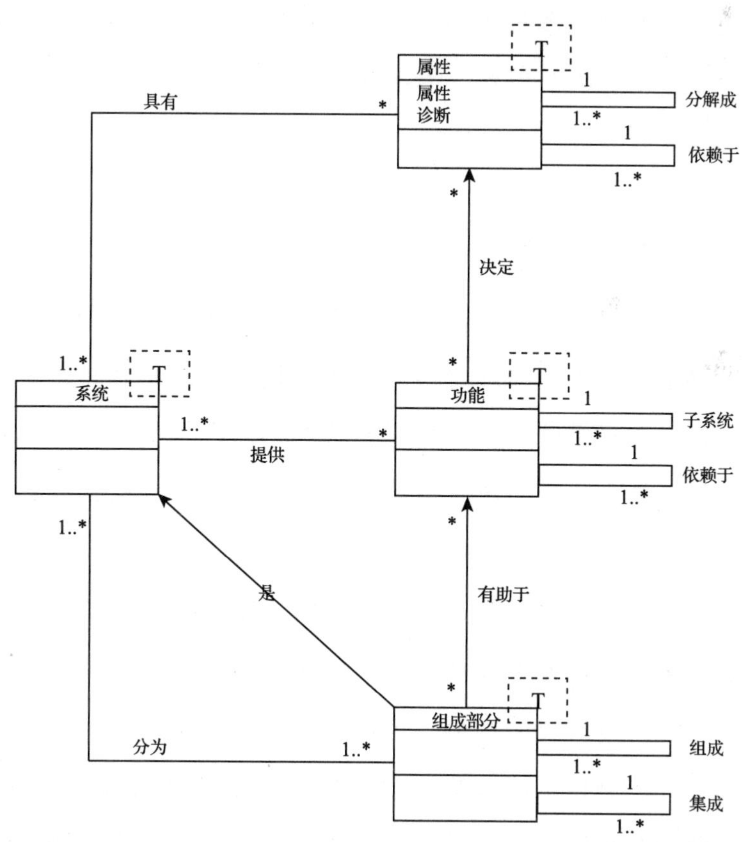

图5.1 统一的系统观点：元模型（资料来源：曼弗莱德·伯恩教授）

5.2.4 背景和领域建模

如前文系统概念中所示，系统理解的主要部分是，系统总是被用于一个背景下或一个环境中。为了更好地理解系统是如何工作的，也必须要掌握其背景部分的情况。这通常会用领域建模加以描述，在领域建模中，专门描述了系统的运行背景。

运行背景本身有时候也是由系统构成的；而且运行背景还可能会包含有部分物理实体并且在特殊情况下还会将人类用户的工作和行动包括在内。因此，需要找到一个建模方法，其中能够均等地体现出背景的所有这些形式。

5.2.5 体系结构

体系结构是系统工程的核心概念，其也包括了多个方面的涵义。原则上，体系结构理念描述了子系统的系统结构理念，相反地，也可以由子系统组成或集成更大的系统。因此，体系结构理念是分解系统和构造系统结构的中心问题。

另外，还可以根据不同的观点分解系统。系统界面的分解是功能性的分解，也就是通过界面表现将系统功能分解为多个子功能。(参照 Broy10a) 这就提供了一个系统功能的结构性观点，并实现了全部系统功能的控制，现今多功能系统的应用就是最好的证明。另外，我们可以列举一个功能性体系结构的实例，如在嵌入式系统的基础上制造出的一辆高级轿车可以有将近 4000 个功能。但如果不将其功能进行分解，则无法实现对系统开发的控制。

从体系结构的角度来看，结构的另一个中心概念是子系统中的系统分解及其相互作用，以便能够达到系统概念的要求。在这里最主要的是，系统的分解必须要能够确保所使用的各个系统模型都具有相同的类型。由此可以支持系统的层次化分解。也就是说，系统可以分解为一系列子系统，而这些子系统又可以再次分解为更小的子系统。由此创建的系统分解层次对于系统的控制是极为有用的。

体系结构形式的模型化和层次化的系统分解，是控制系统复杂性以及诸如从专业、逻辑和技术等不同角度进行结合所必不可少的条件。它不仅支持从系统到成本预算的总览，而且还在分工及系统组件的再利用方面支持系统的控制。

5.3　跨学科的软件工程和系统工程

系统和产品中的软件正在以惊人的速度增加。以汽车产业为例，据预测，自 2010 年起，在未来 15 年里，软件在汽车工业开发中的份额将从 15% 升高到 30%。应用领域有关此份额的预测，也基本得到了相同的结果。由此可以看出，高科技产品的发展与加大软件开发力度几乎是同时进行的。软件在产品中的高份额比重，使得产品发展需要更多地考虑软件的发展特点。因此也就迫切需要将软件工程也纳入系统工程加以考虑。

与此同时，这也要求我们掌握运用到产品开发中的不同学科知识——机械制造、电子工程、信息技术和计算机科学等，并将上述学科知识融会贯通到各个领域的作业中。找到一种跨学科的方法，通过它控制不同学科之间的界面，并最终只通过合适的模型实现跨学科工程的实施。

5.3.1 异度物理系统的系统工程

系统工程是第二次世界大战时产生的一门学科，它是第一个将电子与机械之间的相互作用也包含在其中的系统，从而使其复杂性也提升到了一个新高度。异度物理系统的概念特别强调了现今系统的跨学科性以及由其所带来的相关特点，即，系统由于软件而具备的物理性、连通性和动态性等特点。

5.3.2 软件的作用

如上所述，系统中的软件技术呈动态化增加。由此带来的软件开发所需费用自然也在逐渐增加。主要由软件来确定系统功能性的趋势在日益增强。异度物理系统只是受到以下条件的限制：最好的软件本身由于并不完善的机械或物理的规定而无法生成高品质的功能。如果现有机械和电子能够达到足够的品质的话，如今的系统将达到一个惊人的水平。所以，我们可以经常通过软件技术来扩展现有的系统功能。

若想为系统编程，就要提供先进的驱动器和传感器。现在具备的软件技术，可以在不改变现有电子和机械水平的情况下，增加系统的新功能。这也使得新增功能具备无限的灵活性。与此同时，依托软件功能的系统可以在适合的连接通信功能下实现与其他系统的相互作用。通过匹配的软件形式就可以将所有的功能做网络式集成。

5.3.3 基于模型的跨学科软件和系统工程

在异质成分构成的系统中，各个子系统都具有高度的复杂性，只能通过相应的详细分类才能获得各子系统的特性，并在它们组成的系统中对这些特性加以回溯。实现这些的前提是为不同的系统部分建模。为此，必须对系统的各个方面实施模型化，例如它们的功能性或是其组件及组件相互之间的作用。将软件、电子和机械等各个环节统一起来，是一个巨大的挑战。但只有这样，才能使系统在模型化的作用下完成各个部分的统一协作。

5.3.4 流程的统一性

从一个长远的角度来看，多学科系统的开发要有较高的标准与高度统一性。这其中包括了工程要求的统一性：首先需要考虑的是产品和系统功能性理念的确定，然后还要考虑到技术层面的可操作性。也正是在此流程下，一再出现了由于技术上的限制、特定的要求而无法直接实现的情况。

这自然就要求在需求定义和实施之间进行迭代。然而，归根结底，在这里必须保证不去限定产品的功能性发展和实践的可能性，而是在相应的迭代循环中通过反过来结合技术限制，将重点始终放在产品和系统的功能定位上。

5.4 系统生命周期管理

一个全面的系统生命周期管理的建模技术基础是：将系统发展的每一个周期，精密地从不同角度、不同层面进行解析，再完成系统建模。

5.4.1 系统生命周期

系统生命周期的特征表现在系统开发、生产、操作和最终淘汰的各个阶段。在条件允许的情况下，可以通过追踪系统生命周期的各个阶段，通过建模的方式，虚拟出系统生命周期，这样就可以在模型制作的基础上，通过相应的模型设置来掌握真实系统生命周期的所有步骤。在软件工具支持下运行整个开发过程，在早期对系统进行虚拟建模，并将开发任务的大部分进行仿真，从要求成分开始到体系结构中的系统结构，最后到规范、验证和实现模型。

在系统数据模型的基础上可以产生出生产用模板，从而可以通过模型和工具模型来支持整个生产过程的运行。但这需要流程模型中的流程具有更大的标准化。在这个问题上，工具模型成为了研究的主题。有关一个系统信息的全部，在系统生命周期管理的框架下和数据模型中形成了计算机辅助工具的基础。

5.4.2 需求工程

创新型系统可以为设计方案提供各种不同的可能性。但前提是需要对于系统的开发过程做出周密的考虑，并最终确定所开发的系统可以提供哪些功能和质量特性。反之，如只重视技术可能性，而忽略系统的功能性和质量的话，则会产生严重的后果。

需求工程的目的就在于，将对系统在质量和功能方面的需要和要求作为系统开发的起点。这其中也包括了要求方面的变更管理，以便通过很高的系统化延续要求。

5.4.3 体系结构的设计

体系结构是系统和体系管理生命周期管理方法的中心环节。体系结构意味着分解为子系统，也就是符合子系统架构的抽象描述。通过各种不同的方式，这种分解可以描述出系统开发过程，并且控制再利用、分工和一体化的可能性。

我们已经详细了解了体系结构的重要性，因此，就要把体系结构的设计看作是一个巨大的挑战。正如刚刚所讲到的，体系结构严格地讲，并不存在于一个结构中，而是存在于相互补充、彼此作用的一系列结构中。这里的典型例子就是，将要求进行适当的划分、将功能要求按层次化的方式划分到子功能中，以及将系统划分为子系统。为此需要在工具模型下准确地理解，这个信息是如何结构化地存储的，是如何通过参考连接在一起的，以及如何在特定开发任务中利用这种结构的优势。体系结构设计基本上就是创建子系统中的相应系统结构，并通过其他工具确保其连接。

5.4.4 集成的支持工具

广泛的工具支持对于系统工程尤为重要，并且涉及到了系统生命周期的所有阶段。与现今各种应用工具尚未相互协调工作不同，我们需以结构模型为基础，建立起一个长期工具应用层面上的工作方法，只有这样，系统生命周期管理才有意义。

工具模型是工具支持的中心点，其表现形式是以数据库为存储方式的数据模型。因此，这必然会涉及到专门针对数据库的任务。正是有这些数据库的支持，才能在系统生命周期管理框架内完成多项重要任务。重要任务概览如图 5.1 所示。

全面的工具支持在很大程度上决定了开发流程的可控程度，也涉及到成本和质量等问题。如今，基于产品数据建模的一系列方法，都以全面工具支持为导向。但这些方法必须要先建立起传统的系统模型，除了那些致力于零件清单管理和几何尺寸问题的更强现有方法外，还应该将目光投向诸如软件系统意义上的行为建模和界面模型化等领域。

5.5 从产品生命周期管理到系统生命周期管理 (Sys-LM/PLM)

以下 3 点是从传统产品到系统的至关重要的方法：

- 多功能性：现今的系统与以往产品不同之处在于其功能的多元化。与以往产品只设计有很少几种功能不同，现今的系统都是多功能的。它集各种功能于一体。
- 系统划分成了若干个子系统，且各子系统间通过复杂的方式相互整合在一起。与各部分单纯组合在一起的传统产品相比，新型的集成结构既会从几何角度考虑，又会兼顾机械性。
- 从软件的角度来看，系统表现出来相当复杂的表现方式，特别是在进行数据交换和通信能力上。[2,4]

系统的这些特点要求反映在从产品开发到系统开发再到系统工程的每一个步骤。

5.5.1 系统开发中的成本，创新和复杂性管理

系统研发的成本很高，特别是要掌控其复杂性，且符合不同角度的质量要求，就必须通过前期必要的检验和校准。这里需要注意的是，软件在系统中所占的比重，其增长指数明显呈上升趋势，因此有关软件研发的成本自然占据了主导地位。成本指数的增长自然对应一个长期的经济补偿。因此，我们必须找到一种方法节约成本。因为许多系统都来自同一个系统族，所以人们只是长时间地重复着相同的系统开发、生产和拓展。系统的再利用在这种条件下就显得十分重要。

若想成功地控制资本，最明智的办法就是做到“再利用”，而“再利用”显然需要一个更高级的系统分类。对系统进行建模

和系统生命周期的管理是建立起“系统族”的必要条件，也是从系统生命周期向系统族生命周期的过渡。

5.5.2 转化：以体系结构为中心的系统建模

只有在能够解决抽象建模和结构建模的前提下，才能对上述系统类型进行成功的转化。这就要求能够绝对掌握体系结构。因此，我们要将研究的重点放在以体系结构为中心的系统建模和系统生命周期上。全面掌握有关体系结构的各种信息是必要的。

5.6 面向未来的系统生命周期管理要素

在未来的生命周期管理中，整个生命周期都会以虚拟的形式存在。开发过程中系统相关的所有部分都应及时导入相应的虚拟数字工具中进行模拟，以便能够通过工具支持系统生命周期管理的实际任务。

5.6.1 工具定位

在任何工作中，辅助工具对于进一步研发和发展的最终结果都会产生重要影响。工具定位有如下几点原则：

- 无法继续利用的工具也就失去了其利用价值（优化潜力）。
- 无法被存档的工作结果，其所在流程中必然存在问题。
- 需预先设定好工具的统一结构。

- 工具内容需有统一标准。
- 需预先设定工具的子结构。
- 工具与其内容之间的关联性须详细说明（可追溯性）。
- 单真源（工具模型中没有冗余）。

系统化、集成化的工具支持需要一个适用于开发过程中不同传统要素的全方位工具定位。以下简要介绍这种方法各个组成部分的基本情况。

具备成熟水平的文档/程序定位包括以下阶段：

0 级：无开发文档——开发结果仅限于开发者构思阶段

1 级：书面文档阶段——产品规格和需求手册

——简单的，非特定的工具（Word，Excel……）

——分散式管理：存于开发者电脑中

2 级：工具支持下的文档

——独立工具

3 级：工具链

——工具流定义

——在转换过程中经常被中断

——工具间几乎不可能进行链接/跟踪

4 级：以工具为导向的系统研发——系统生命周期管理

——统一数据库下的工具

——单真源

——针对工具的整个开发过程和后续进程

统一的工具定位是指：将所有的程序开发结果记录存档，并对有效的工作方法和工具加以存储后进行管理。一个完整的系统数据模型是利用单独的工具作为建模基础的，且工具与根据之间需有语言或符号上的连接关系。

这些工具模型可用作工具支持的中心数据模型。在开发中，这些任务要求可自动执行各种任务。

5.6.2 体系结构模型作为工具结构的基础

系统生命周期方法的中心是一个综合性的体系结构和系统数据建模。因此，必须需要适当的抽象层。在过去几年里，慕尼黑工业大学为满足汽车行业要求，已经研究出一整套工作方法。经大量研究表明，其有利于产品和系统的再拓展。

慕尼黑工业大学（TUM）方法的体系结构框架：

- 功能层：确定功能

——结构化的角度在所提供的功能上

——用于对关系进行建模的模式（“运行状态”）

- 逻辑组件体系结构：从技术上——确定“体系结构的逻辑关系”

——逻辑组件中的系统结构

——界面与作用的介绍

——交互模式

- 技术体系结构：确定技术实施

——软件

——编码结构

——运行时间系统和运行时间元素

——硬件：技术实施

——处理器（控制器，CPU）

——通信链接（总线系统）

——传感器，执行器，人机界面设备

——调配：硬件上软件的（分布）示意图

体系结构可以在工具模型中找到。

5.7 结语

一个全面的系统生命周期管理流程，只存在于与之相匹配的模型中。这种模型还需以一种相匹配的方式支持系统的需求、体系结构和技术实践。我们把这些模型以一种系统的方式总结在一个综合性的工具模型中。为使这种以工具为辅助的工作模型对系统产生更大的帮助，这种工具模型不仅可以存储现在的系统数据，还可以存储系统开发过程中的数据。工具模型一定程度上反应在系统和系统开发项目上。这样一来，不仅能实现产品管理、项目组织和项目管理上的横向互动，还可以建立起相关的系统数据。

这种流程方式对于成本和工作量的评估、进度管理和质量保证十分重要。其意义特别表现在可溯性问题上，这也意味着，工具模型各个部分的内容必须完整，且要对彼此间的关系加以记录。这也是核心质量问题和安全性规则[12]的重要前提。

一个全面的系统生命周期管理方法的关键因素在于系统工具模型的开发。这种系统工具模型必须以结构化方式包含系统的所有主要数据，并且以特殊的方式采用软件、电子和机械的组合。

在系统生命周期方法问题上，需要考虑未来技术系统的发展走向。在 acatech 的研究中，发布了全面的异度物理系统课题研究结果[13,7,11,11]。这表明，未来的技术产品会有嵌入式电子技术和软件技术的支持。也正因为如此，系统功能上会有很大的拓展，且需要考虑系统的适应性、关联建模和自主性。在未来也会实现系统全球数据网络通信和全球数据及服务系统相连。这种创新的工作方法可以使系统具备新的功能。为确保上面所述内容的实施，还需进一步增加创新成本和拓展研发技术。

参考文献

［1］ Achatz R，Beetz K，Broy M，Dämbkes H，Damm W，Grimm K，Liggesmeyer P（2009）Nationale Roadmap Embedded Systems. ZVEI（Zentralverband Elektrotechnik und Elektronikindustrie e. V.），Kompetenzzentrum Embedded Software & Systems，Frank-furt a. M. https：//www. zvei. org/fileadmin/user_ upload/Forschung_ Bildung/NRMES. pdf

［2］ Broy M（2005）Service-oriented systems engineering：specification and design of ser-vices and layered architectures-the Janus approach. In：Engineering theories of soft-ware intensive systems. Springer, S 47-81

[3] Broy M (2006) The grand challenge in informatics: engineering software-intensive sys-tems. IEEE Computer 2006: 72-80

[4] Broy M, Krüger I, Meisinger M (2007) A formal model of services. TOSEM-ACM Trans Softw Eng Methodol 16: 1

[5] Broy M (2007) Model-driven architecture-centric engineering of (embedded) software intensive systems: modelling theories and architectural milestones. Innovat Syst Softw Eng 3 (1): 75-102

[6] Broy M (2010) Multifunctional software systems: structured modeling and specifica-tion of functional requirements. Sci Comp Prog 75: 1193-1214

[7] Broy M (2010) Acatech DISKUTIERT: Cyber-Physical Systems: Innovation durch Soft-ware-Intensive Eingebettete Systeme. Springer

[8] Broy M, Reichart G, Rothhardt L (2011) Architekturen softwarebasierter Funktionen im Fahrzeug: von den Anforderungen zur Umsetzung. Informatik Spektrum 34 (1): 42-59

[9] Broy M, Geisberger E, Cengarle MV, Keil P, Niehaus J, Thiel C, Thönnißen-Fries H-J (2012). Cyber-Physical Systems: Innovationsmotor für Mobilität, Gesundheit, Energie und Produktion. Number 8 in acatech BEZIEHT POSITION. Springer, Berlin. http://www.springer.com/computer/book/978-3-642-27566-1

[10] Cyber-Physical Systems Summit (2008) „ Holistic approa-

ches to cyber-physical integra-tion " Report, CPS week. http: //ic-cps2012. cse. wustl. edu/_ doc/CPS_ Summit_ Report. pdf

[11] Geisberger E, Broy M, Cengarle MV, Keil P, Niehaus J, Thiel C, Thönnißen-Fries H-J (2012) AgendaCPS: Integrierte Forschungsagenda Cyber-Physical Systems. Springer, Berlin. http: // www. fortiss. org/fileadmin/user _ upload/downloads/agendaCPS _ Studie. pdf

[12] International Electrotechnical Commission (IEC) (2010) Functional safety of electrical/electronic/programmable electronic safety-related systems. Technical Report IEC/TR61508 Part 0-7

[13] NSF (2006) Workshop on „ Cyber-Physical Systems ", October 16-17, 2006, Austin. http: //varma. ece. cmu. edu/CPS

第六章

系统生命周期管理平台上基于模型的虚拟产品开发

马丁·艾格纳（Martin Eigner）[⊖]

摘　要

创新性的跨学科产品开发要求对现今的设计方法、流程、IT解决方案和组织形式进行细致入微的思考。电子技术和软件在产

⊖ 马丁·艾格纳，机械制造和工艺技术系，虚拟产品开发教研室（VPE），Kaiserslautern 大学。地址：戈特利布—戴姆勒大街，44 楼，德国凯泽斯劳滕，邮编：67663。电子邮件：eigner@ mv. uni-kl. de。U. 森德勒 U. Sendler（编辑），*Industrie*4. 0，Xpert. press。DOI 10. 1007/978-3-642-36917-9_ 6，©柏林海德堡施普林格出版社，2013。

品中所占份额越来越大。所有学科（即机械制造、电子设备和软件）的设计方法和计划方法，都要经过检验，以确定它们能否符合产品开发的现代化跨学科过程模型的标准，能否转化为一个综合和跨学科的通用解决方案、跨学科工艺解决方案和IT解决方案。

系统工程通过对产品整个生命周期进行跨学科思考来解决这个产品开发的问题。由此应运而生的“基于模型的系统工程”（MBSE）通过阶段典型的数字化建模使方法得到了完善。所涉及学科和产品开发阶段的结合将不再通过文件，而是通过集中使用的数字模型来实现。

6.1 现状

近几年的统计数据表明，产品开发流程（PEP）[㊀]在不断变革。市场环境变化和客户对产品的新要求不断影响着产品的开发。产品复杂性的增加，一方面是由于为适应“多元化市场”而产生的产品、衍生产品及变体的多样化；另一方面是由于电子元件及其所属“嵌入式软件”的稳步增长（机电一体化）。

近年来，电子设备和软件的价值份额稳步上升，例如，汽车中的电子设备和应用软件的涨幅均在40%左右。通过网络物理系

㊀ 这里所使用的术语“产品开发”既是指实际的产品，也指生产资料。因为其本身也是一种产品。这一概念源自Ehrlenspiel的［13］。本文中所使用术语“产品开发”涵盖了多位作者［37，45］所使用的术语“产品形成”的含义。

统或控制机系统进行产品之间的相互通信。另一个概念是物联网。

目前的研究集中在技术产品中软件密集型嵌入式系统的技术进步上[63]。在未来，一方面，软件将会扩展多种产品功能，由此提高产品的复杂性；另一方面，可以通过软件替代部分不断增加的硬件变体来降低产品的复杂性。

这就要求软件开发越来越多地参与到 PEP 中。此外，日益严重的全球化导致 OEM 内部以及 OEM 及其供应商之间在价值链内出现了复杂的网络化工作组织和流程。来自不同的文化区域和时区的所有参与者之间的沟通合作，变得越来越重要。

因此，在产品开发过程中，在开发跨学科过程模型方面采取新的行动尤为必要。这一点以整个**产品生命周期**，即从开始接受需求到最后回收阶段，所包含的所有**学科**（机械，电气/电子，软件和服务）以及企业范围之外的组织和系统支持的工程活动为基础（图 6.1）。

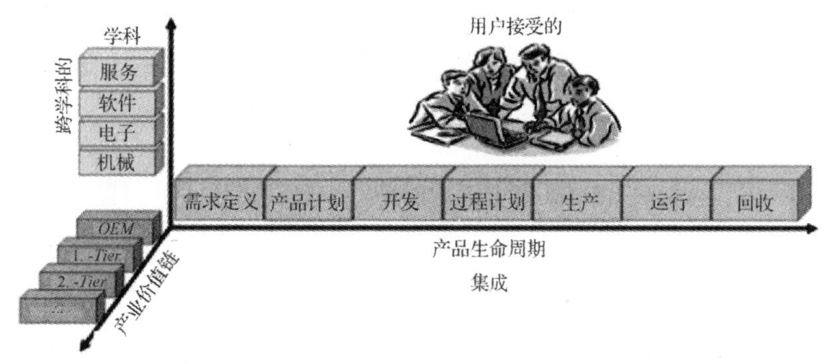

图 6.1　跨学科集成的产品生命周期

6.2 产品开发的学科特定过程模型

目前工业上还缺乏稳定的工业用产品的系统跨学科研发过程的模型。自 20 世纪 70 年代起，在欧洲才开始形成基于功能的设计方法和由此派生出来的研发过程，这在当时还没有形成一个正规的体系，只是机械地强调了一些重点（图 6.2）。几乎所有为机械制造所建立的过程模型（参见文献[2，43，8，12，37，16，34，10]）都源自 PEP 并包括了以下四个主要阶段：

- 明确需求/任务，计划
- 构思起草
- 设计
- 制作，细节化

它们都将在方案阶段通过原则性解决方案确定一致的功能及其转化作为这阶段的基本要素。这里以 VDI 指南 2221[47] 为代表。这个项目是由一些德国设计方面的科学家参与合作的，并在当时至少是在德语地区中成为了一种共识。另一种方法的代表是伯恩/林德曼[40] 的慕尼黑人具体化模型。产品需求在这个模型建立过程中发挥着特殊的作用，影响着其功能、作用和制造方面的各个具体化层面（图 6.2）。

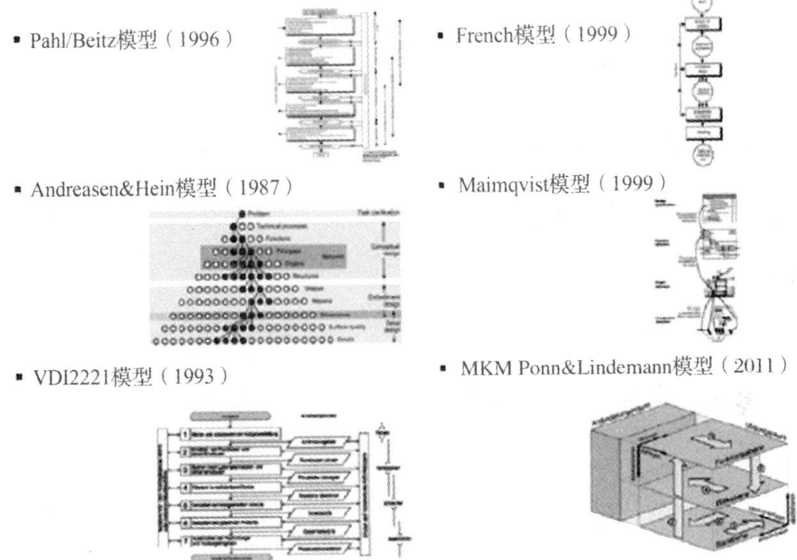

图 6.2　机械工程过程模型概览

在电气和电子（E / E）领域，尤其是由于电路设计具有非常广泛的应用领域和技术快速变化，所以设计方法有更广阔的应用前景。

但是，根据库莫尔（Kümmel）[28]和斯蒂芬（Stephan）[46]的理论，在不同应用领域应有不同的设计理念。举例来说，微电子控制设备设计的 VDI/VDE 准则 2422[48]就基本依照 VDI 准则 2221[48]。该准则重点规定了设备开发的具体流程，对在软件开发、电路设计和在机电一体化设备零件开发中的流程步骤进行了细节性描述。

在数字电路设计的应用领域中，设计过程模型是按照传统的抽象层面分类的：

- 系统层面
- 算法层面
- 记录文件层面
- 传输层面
- 逻辑层面
- 电路层面

对每个设计模型进行分类的一项重要依据是技术独立程度。这些模型包括自上而下和自下而上的设计[43,32]以及从这两种设计得出的乔—乔模型。其中最广为人知的技术独立模型是 Y 图表（也称为盖吉斯基图表）。它描述了硬件设计的观点，尤其是在集成电路开发方面的一些观点。1983 年，丹尼尔 D. 盖吉斯基（Daniel D. Gajski）和罗伯特·库恩（Robert Kuhn）开发了设计模型。1985 年，罗伯特·沃克（Robert Walker）和唐纳德·托马斯（Donald Thomas）对其进行了完善[50]。盖吉斯基（Gajski）在这个模型中，将硬件设计分为三个不同的域，表现、结构和几何形状。其中，域用 Y 轴来表示。

集成电路设计过程中另一个务实的做法是列尼西（Lienig）[29]所发明的。电气和电子工程中过程模型的概览如图 6.3 所示：

■ Gajski 和 KuhnY-图（1983）

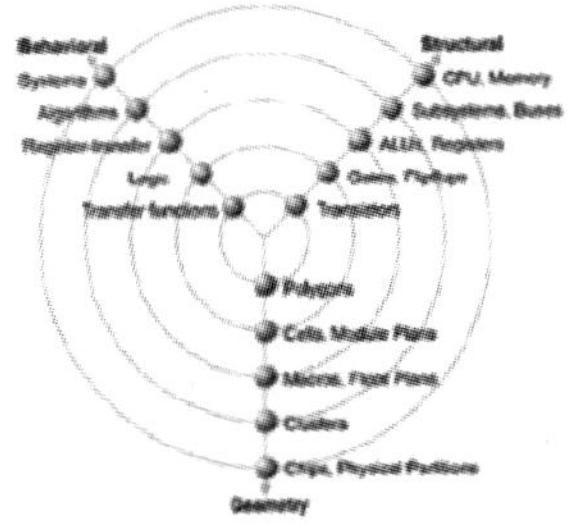

■ VDI/VDE 模型（1993）

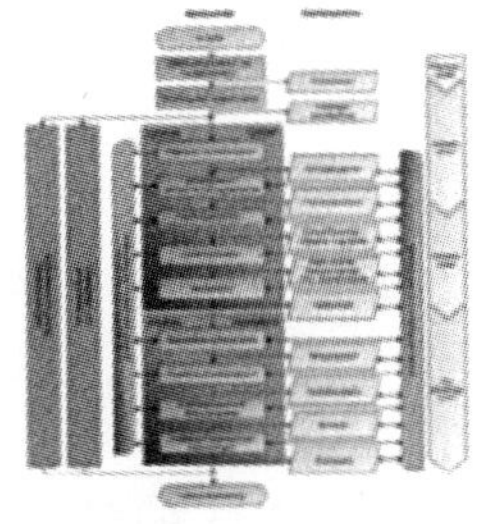

■ Lienig 合成布局模型（2006）

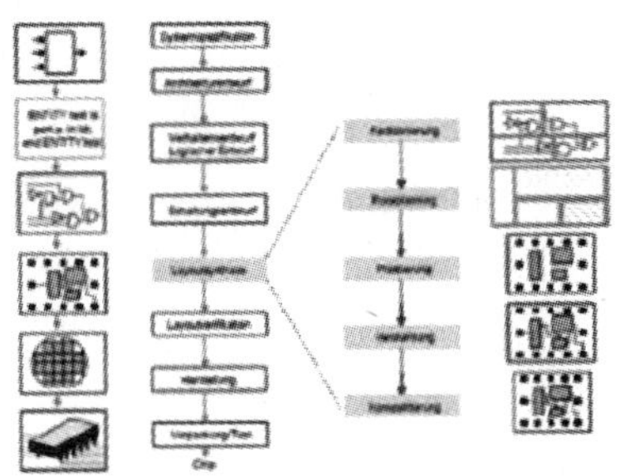

■ Rauscher 模型（1996）

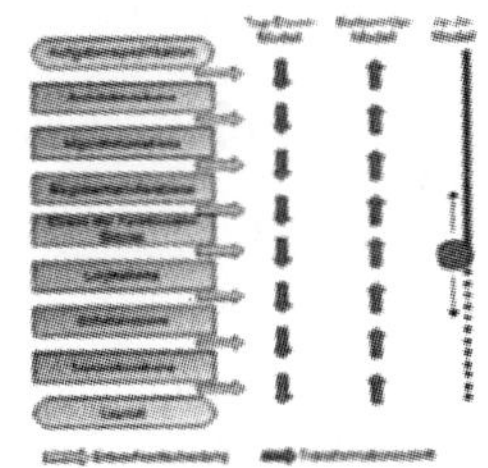

图 6.3 电气/电子中流程模型概览

在软件开发领域中，通过软件工程已经开发出了一种详细而又全面的研发方法。这经常会为电子设备中类似方法指出与源于机械设计不同的另一种模式[3]——即，除了功能导向外还有很强的行为导向。第一个 V 模型[7]也起源于软件开发。由于创建和维护复杂软件所需成本很高，所以按照结构化，严格以阶段为导向，并以非常正式的流程关系方法开发出了过程模型，这种流程模型通常也被称为“重量级过程模型”[41]。

这类模型包括：阶段模型、瀑布模型、迭代原型模型以及文档和产品模型（软件开发的 V—模型）[7,30]。这些模型将发展过程分为清楚的、受时间限制的和受内容限制的阶段，这些阶段在整个开发过程中环环相扣。按照这个模型就可以逐步完成软件的创建。

在目标为导向的拓展开发领域，一方面为软件开发创建了 UML 语言（统一建模语言），并建立了如统一软件开发流程（USDP）[26]这样的流程模型。UML 包含各种数据图、状态图和过程图。

IBM 公司在 USDP 基础上开发了“合理的统一过程”（RUP）。这个过程以 USDP 为基础，也是应用开发的一种为使用统一建模语言描述的流程模型。“合理的统一过程”（RUP）本身就是用 UML 语言编写而成的软件工程流程模型。因此，RUP 模型就成为了 IBM 合理方法编辑器中的最佳实践集合[27]。

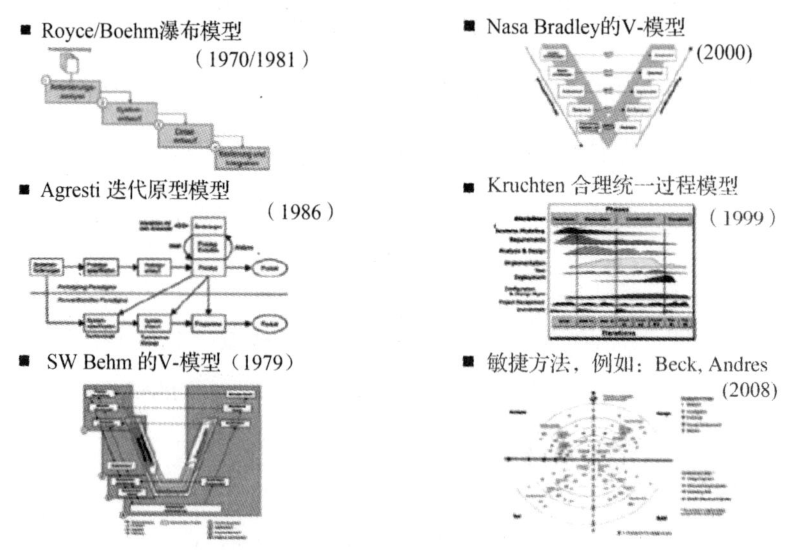

图 6.4　软件开发中的流程模型

灵活或轻量级的软件开发是软件开发中敏捷性和灵活性应用的综合概念。根据其背景，如在灵活建模的情况下，该术语可以是指软件开发的一部分，但有时也可以是指整个软件的开发过程。灵活软件开发尝试通过低管理负担、一些规则以及通常是一个迭代过程来完成软件的开发任务。灵活软件开发的目的在于，比起传统的流程模型[51]更加灵活和简化。图 6.4 给出了软件开发过程中不同流程模型的概览。

6.3 源自机电一体化与系统工程的跨学科流程模型

日本人柯菊池于 1969 年首次提出了“机电一体化”这一概念[22]。这个概念是由机械和电子两个词组合而成，最初只是指机械元件和器具中的电气和电子工程元件的扩展功能。直至很久之后，软件才在机电一体化中具有了重要意义（图 6.5）。

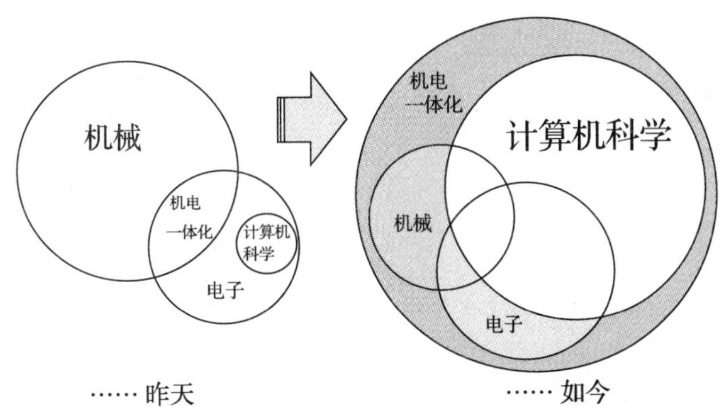

图 6.5 机电一体化概念的演变［KÜH10］

有意思的是，这个概念从最初的一个合成词演变成世界范围内已获公认的工程科学工作领域，代表了产品开发核心部分的跨学科系统概念[25]。

机电一体化流程模型基于诸如伊色曼模型[24]中的对过程的认识、吕克尔模型[31]中的帕尔贝茨流程或者 V 模型的不同变体。其中最著名的是 VDI 准则 2206，它是一种灵活的流程，包括“作为微循环的问题解决循环”[9]、“作为宏观循环的 V 模型”和“重复运行过程的流程模块”[49]三个要素。从 V 模型中衍生出来和部分具体化的流程模型是由本德尔[5]和安德尔[4]提出的。

为了应对无论是在产品开发还是在生产环节中由于机械、电气和软件工程元件的一体化而不断提高的要求，高斯迈尔创立了产品形成的 3 周期模型[21]。这一流程模型的功能范围包括战略产品规划、产品开发和生产系统开发，每一项均循环进行。

■ VDI 2206的V-模型(2004)

■ Gausemeier 3循环模型(2006)

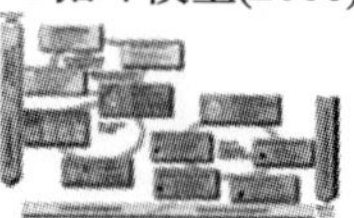

■ Anderl W-模型(2011)

■ 帕德博恩工业大学BMBF FP的INERELA模型(2004)

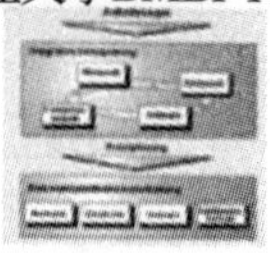

■ Bender 3层面流程模型(2005)

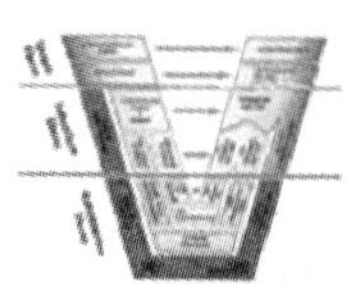

■ Lückel机电-体化设计模型(2000)

图 6.6　机电一体化流程模型

在联合项目“INERELA—空间电子元件的集成开发”的框架下确立了一种流程方式，它不仅涉及产品开发，同时还涉及生产系统的开发。这一流程模型以 VDI 准则 2206 为基础，并参考了诸如基于帕尔贝茨理论的流程模型和基于盖吉斯基理论的 Y 模型等其他流程模型。这一流程模型被分成 10 个阶段，每一个阶段又包含多个步骤[46]。各种机电一体化过程模型的摘要见图 6.6。

与此同时，自 20 世纪 60 年代以来，尤其是在美国航空航天及在大型军事项目中，系统工程（SE）被确定为复杂技术系统开发和转化的跨学科文档驱动的方法。这种方法已经被永久地从软件和电子行业领域中删除，今天使用的是复杂的、高度网络化的建模和仿真支持系统。

系统工程是基于这样的假设：一个系统比其子系统及元件的总和要多，基于此，其总体的相关性必须要被考虑进来。根据 INCOSE㊀规定，系统工程是一门学科，其职责是创建和实施一个跨学科的流程，以确保能够在整个产品生命周期内实现高品质、可靠、性价比高和在预定的时间内达到客户和利益相关者的要求的目标[23]。常规的系统工程是基于纸张或文档的，而基于模型的系统工程（MBSE）可以使基于模型的流程模型成为系统工程的延续。它是一种以开发阶段特定的数字系统模型为基础，贯穿于整个产品开发过程的跨学科方法（图 6.7）。

㊀ 系统工程国际理事会。

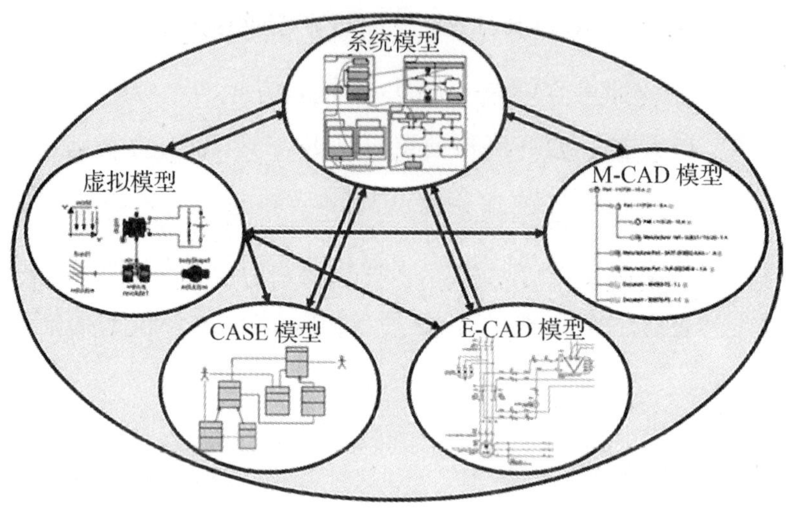

图 6.7 以弗雷登塔尔理论为基础的基于模型的产品开发［FRI09］

它们允许在产品开发过程的不同阶段进行建模。开发过程中可以通过使用这样的建模语言尽可能早地解决元件集成方面的问题，以便确定系统需求、功能、表现和结构之间的相关性。基于模型的通用开发在虚拟产品开发中至关重要，因此也是针对机电一体化产品，尤其是虚拟一体化产品及系统 PEP 优化的主要挑战。

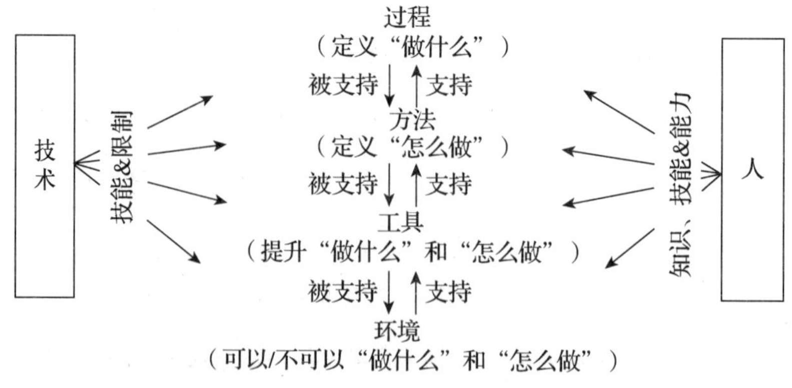

图 6.8 MBSE 流程模型的概念定义[15,35]

在“MBSE方法调查”[15]中，过程、方法、工具和环境的定义才得以基本统一（图6.8）。

此后都依照此定义：

- 过程是指为达到某种目的而进行的系列活动的逻辑顺序。它定义了做“什么”，而不是“如何”做。
- 方法是指开展这些活动所需的技术。它定义了“如何”做。
- 工具通常是一个软件解决方案，它是用来提高效率的实用方法。
- 环境包括外部对象、个人或团体以及各种条件，比如社会、组织、功能或文化等。

根据这些定义，流程模型（英语：“方法”）是过程、方法、工具和环境的相互联系和相互作用。近年来各种MBSE的流程模型被开发出来（图6.9）。

■ IBM 远程逻辑协调—SE

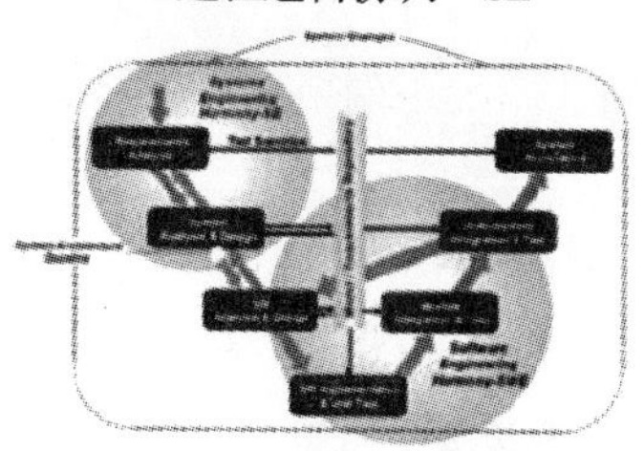

■ OOSEM(INCOSE)

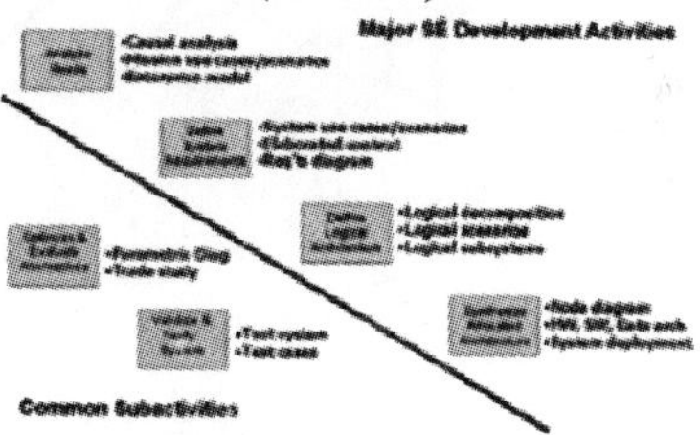

■ Vitech MBSE

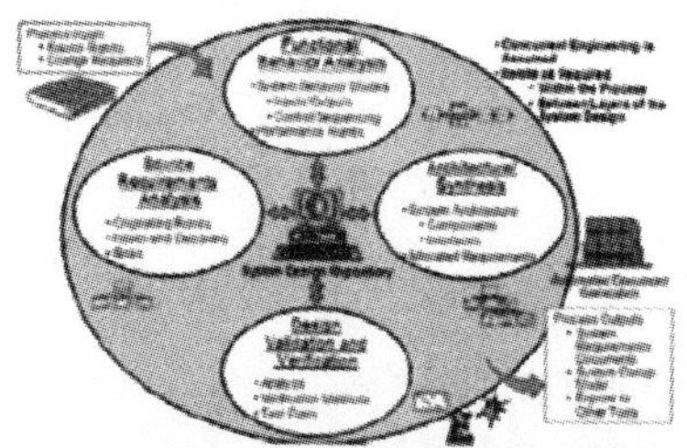

■ JPL 状态分析

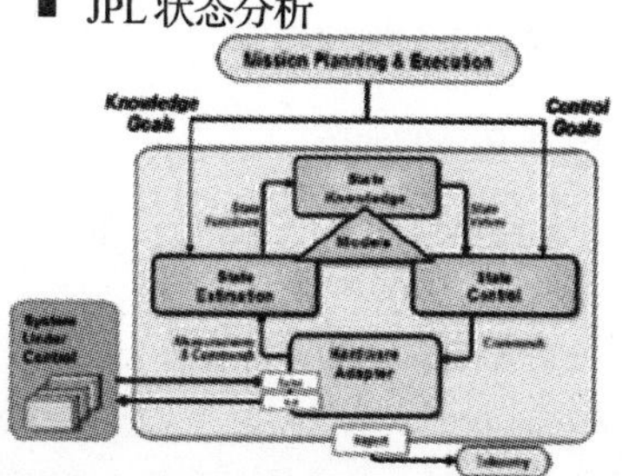

图6.9　基于艾斯特凡理论的不同MBSE流程模型［EST08］

6.4 凯泽斯劳滕工业大学的高级 MBSE 流程模型㊀

基于模型的系统工程方法可以用抽象的方式来描述跨学科产品。VDI 准则 2206[49] 中定义了一种机电一体化的系统方法。这里的重点放在了 201C “V” 的左翼，并通过基于模型的系统工程工具对这一侧进行扩展（图 6.10）。

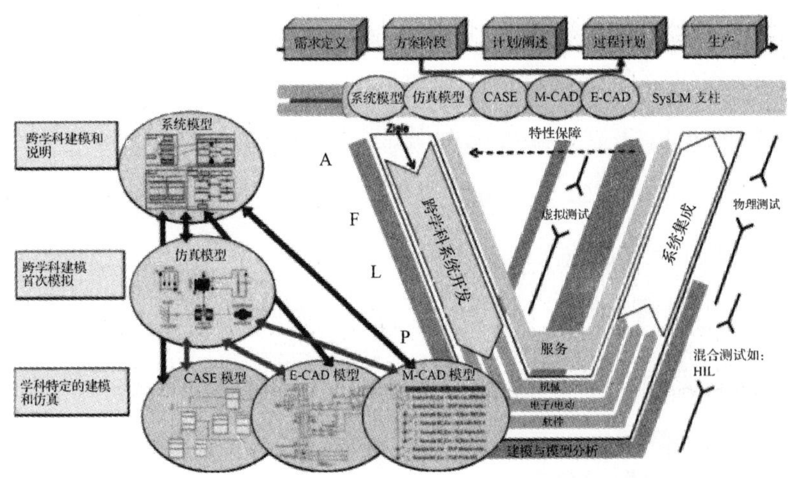

图 6.10 基于模型的系统工程的升级版 V-模型

它可以识别建模的三个层次：

- 建模和规范：

㊀ 在这个项目中，凯泽斯劳滕大学机械工程与流程技术系的四个教研室（FBK，KIMA，mec 和 VPE）与一个工业财团、ProSTEP 股份公司、系统工程学会及亚特兰大的 GAtech 共同为虚拟一体化产品开发了一种流程模型。

一个系统要通过定性模型来描述。其包含要求结构、功能结构、表现结构或逻辑系统结构。模型是描述性的，并且不能被模拟。其可用作编辑工具，就像诸如 SysML 等描述语言的图形编辑器一样。

• 建模和首次模拟：

在这一层面上，通常会创建定量并可模拟的模型，也就是跨学科的多个实体仿真模型。可以用诸如 Modelica、Matlab、Simulink 或电子学中的 VHDL 等模拟编辑器作为编辑工具。

• 学科特定的建模：

在这个层面上，可以创建如几何模型或 CAE 模型等，它具有鲜明的学科特点。编辑工具为 CAD 系统或学科特定的计算和模拟软件。

需求定义是整个开发过程的起点。它以客户需求或用户要求的形式反映了或多或少的抽象概念。在接下来的需求分析中，客户需求将被转化成逻辑上一致的技术要求。即图 6.10 中用 A 标注的部分。

在产品开发的早期阶段，为创建一个实用的解决方案而进行的跨学科系统设计是必不可少的，这个解决方案要能代表所有学科。开始时，这一方案可以通过对功能和表现进行粗略描述，随后再一步一步细化。功能和子功能的分类和图标在图 6.10 中以 F 进行了标注。这提供了对整个系统在学科和解决方案上中立的最初观点。

解决方案将通过实现功能元素和表现的逻辑元件的定义来描述（如图 6.10 中用 L 标记处）。解决方案包括逻辑和物理表现以及系统结构。

半公式化的建模语言如 UML 或 SysML 和基于模拟的建模语言如 Matlab/Simulink/Simscape、Modelica 以及 VHDL 都支持跨学科系统开发。这样，在跨学科系统开发结束时，就可以通过虚拟测试对特定的产品特性进行测试。

到目前为止，仍没有一种适用于在基于模型的规范、首次模拟和相应学科之间进行数据和信息交换的通用方式。对需求的开发和确定测试情景的前提条件就是，通过虚拟测试对逐步增加的特性进行检验，并在最后检验其综合特性。

在首次模拟和功能描述的基础上开始学科特定的开发，开发致力于系统的物理元件，例如硬件元件或软件代码（在图 6.10 中用 P 标记处）。这里通常会在虚拟产品开发中使用 CAx 过程。

从一开始就对所有要求、功能和逻辑系统元素进行完整定义是很难实现的。因此，开发过程应根据所设想的 V 模型，在对所有方面逐步细化的循环中进行。这种迭代方式以最小的“V”模型开始，通过细节化的虚拟模型最后到物理检验。每次迭代都意味着对产品的了解有所增加。

诸如控制设备开发中所使用的 AUTOSAR 等工业标准支持嵌入式系统软件和硬件构架的开发，并且它们在 E/ EE 开发过程中具有通用性。有时也会存在来自完全不同应用领域的专有解决方案，并且这些专有解决方案与各供应商的相应下游解决方案是互相兼容的。例如：可以通过 dSpace、SystemDesk、Vector PREEvision 或者 ANSYS/ESTERELSCADE 开发出一个发盘人能在其中进行相应数据管理的系统构架，用以储存 dSpace SYNECT 或者 SCADE 循环，从而在进一步的开发过程中使所生成的数据能够在诸如 Matlab / Simulink 等代码生成工具或模拟工具中继续使用。这些解决方案还没有被广泛应用，并且很少与 PLM 解决方案联合使用。此外，该系统的体系结构还受嵌入式软件和 E/ EE 硬件的限制。

6.5 SysML 早期阶段中 MBSE 方法的说明

源于美国的 MBSE 流程模型十分强调系统建模方法。但是尚未对所产生信息的管理加以考虑。PLM 对此提供了基本解决方案，即：在整个开发过程中，所有流程参与人员将共享和管理全部关键产品信息。

因此，前面介绍的 MBSE 流程模型以两个层面的解决方案为出发点：系统建模层面和 PLM 管理层面（图 6. 11）。然而，由于系统技术元件必须极大地丰富 PLM 数据模型，SysLM（系统生命周期管理）这一术语就应运而生了[44]（参照图 6. 10）。

在早期规划阶段和之后的整个产品生命周期中，对功能性和针对表现的描述型模型的管理都可以是追踪需求、功能和表现、逻辑以及物理元件变化的媒介。

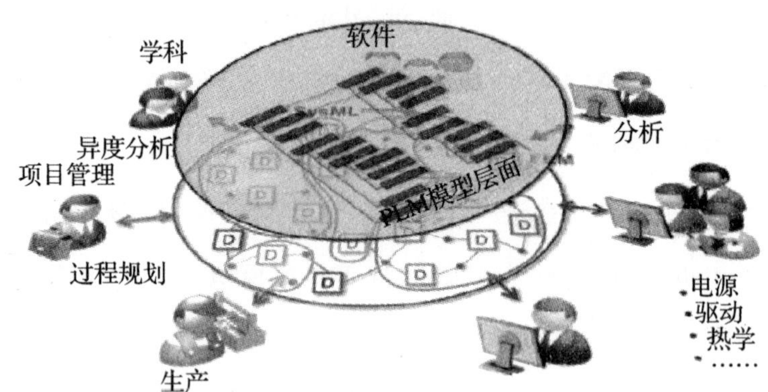

图 6.11　双层模型—系统模型［PAR12］和 PLM—层

举例来说，如果通过功能性描述创建一种分配方式，其中的某种需求将影响产品结构的变化，反之亦然（可追溯性）。这也意味着，所谓的变化过程中的“受影响的项目”将会增加，且在早期设计阶段就会涉及。

功能性产品说明是从面向功能的角度描述整个系统的。其中包括系统的需求、功能和逻辑元件以及所计划的产品/系统在逻辑驱动解决方案中的表现。SysML 适用于这些方面的建模，因为它是一种标准化的建模语言，且拥有建模的许多图形工具。

XMI 是数据交换的良好基础，但还没有被所有的工具完全支持。至少在 XMI 被完全建立起来之前，XML 也可以用于数据交换。其余的 SysML 建模工具，如 MagicDraw 或 Enterprise Architect 将由常用的需求管理工具，如 Doors、RequisitePro 或 Integrity 为需求的建模提供文本支持，需求模型就可以作为 SysML 中的层次结构被读取。这样，早期阶段习惯使用的“旧系统”的广泛再利用得到了保证。

6.6 功能性产品描述模型的内容

SysML 编辑器可以在各种图表的帮助下对系统的初步方案建立图形化模型。为了在 SysLM 系统中集成建模数据，建议使用下述简化数据模式图所展示的 XML 概述，它包含不同的建模元件[11]：

- 层次结构：

需求、功能和逻辑元件结构可以以分级的方式来加以观察。在 PLM 系统中存在有结构的简单形式（类似于零件清单）。它们可以作为基础来使用。

- 模型元件之间和超越模型边界的交叉引用：

交叉引用是不同类型的模型元件之间的一种关系，它们可通过在 SysML 中的分配进行建模。基于模型的系统工程的优点在于，这些交叉引用可以和系统元件一起被管理。

- 单个模型内部模型元件之间的标准化内在联系：

层次结构主要用于复杂系统的管理。它们遵循将系统拆分成可管理的子系统这一基本原则。如果考虑到功能性、表现技术性或逻辑性相互关系，这通常是不够的。

SysML 的内部框图描述了系统元件的内部结构。它必须要保证两个端口之间的兼容性连接具有相同类型，而目前这在 SysML 编辑器中还不能实现。

6.7 模型的系统工程（MBSE）的 SysLM 数据模型

如图 6.12 所示，在简化的数据模式图中，整合了功能性产品说明与层面结构、不同模型元素和典型化内在联系的交叉引用等。

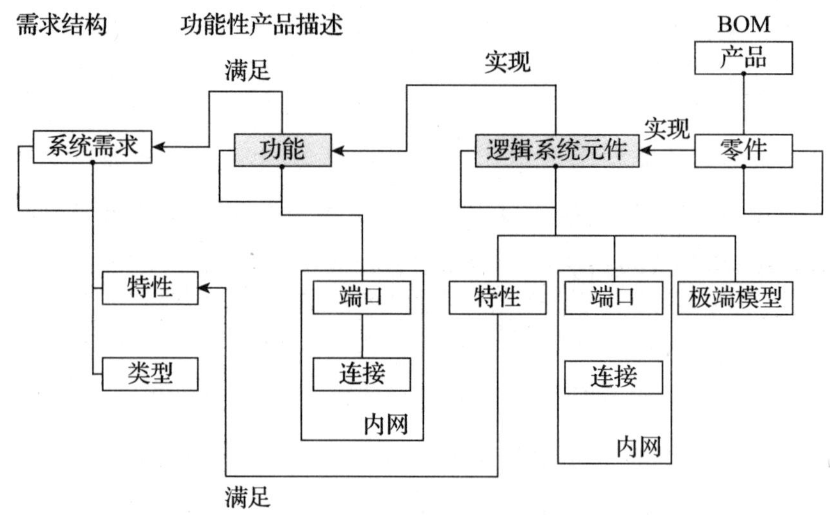

图 6.12 SysML 中 MBSE 方法的简化数据模式图

本文论述的基础是，假设在 PLM 系统中已存在有零件清单结构（BOM）和要求。功能性产品说明是 BOM 结构与要求的整体综述。功能性可以以简单方式分层次地进行建模，也可以在 SysML 的块定义中进行建模或在 XML 中被提取。

逻辑系统元素以物理效应展示了功能的实现和定义了其相关属性。系统元素可以引用二进制数据的外部模型。例如，这可以是为展示或分析系统物理特性而已开发的 Modelica、Matlab/Simulink/ Simscape 或 VHDL 模型数据。一个逻辑性系统元素是与机械原始数据和 BOM 相连的。这些都可以从 M—CAD、E—CAD 数据或软件中引用。

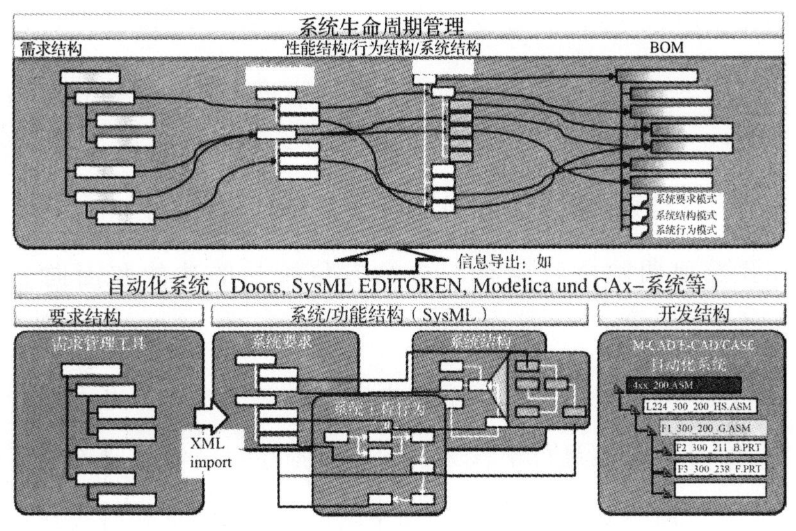

图 6.13 系统与管理层面的交互性（SysLM）［EGZ12］

图 6.13 展示了各种编辑系统（Doors，SysML Editoren，Modelica und CAx-系统等）和 MBSE 数据模式图与 SysLM 中的图在现实交互中的连接。使用这个通过 SysML 生成的数据模型和其在 SysLM 中的图，可以将需求与具体的零件明细管理和基础数据管理联系在一起。由此给定了各种标准（ISO 26262，EN50128，DO178B）中规定的变更可追溯性的前提条件。

6.8 结论

互联网虚拟世界越来越多地用于增进现今系统间的交互性[36,6]。与此同时，各个系统间可以相互影响、互通信息。如果这类智能软件通过互联网彼此之间形成网络，就成为了所谓的虚拟一体化产品（CTP）和虚拟一体化生产系统（CTPS）。

通过这种创新的飞越，德国企业可以成为智能网络化产品和生产系统行业的领军者。由于产品和生产系统日益增长的功能、性能和由此带来的系统复杂性以及它们之间的彼此作用，所以必须在开发前期阶段就应有一个全方位统一的功能和面向表现的定位。

如今的开发进程尚不能实现不同学科间的统一，也无法对功能模型和表现模型进行学科无关的综合描述以及将这些模型映射到管理类系统（PLM, SysLM）当中。但正是联网才使得表现的描述成为随后在 CTP 和/或 CTPS 中明确实施的绝对前提条件。

除此之外，在产品开发的早期，应尽可能地考虑到生产系统在性能说明层面上的早期同步处理。它需要新的流程模型、方法、过程和 IT 解决方案，这些都应当支持基于模型的集成开发过程，并且能够为企业在工业、能源、运输和卫生等所需要的领域提供虚拟一体化授权解决方案。

通过德国早在多年前就已经开发出的功能建模和来自美国国

防工业大型项目的著名系统工程方法的结合，为基于模型的 CTP 和 CTPS 开发提供了巨大潜力。为了在企业当中能够成功地实施这一基础技术，必须将它集成到现有 IT 系统中并通过它加以映射[1]。这里的中心环节就是基于模型的系统工程（MBSE）和系统生命周期管理（SysLM）。

本文根据 VDI2206 准则提出了 V—模型在接近基于模型的虚拟产品开发要求的拓展。此外，为支持跨学科产品开发，应尽可能使组织机构能够对那些以建模为基础的系统工程方法容易上手，因此还提出了功能性产品描述的数据模型。以功能和表现为导向的系统描述管理使得早期的产品文档和质量保证成为可能。

在扩展后的 V 模型基础上所提出的方法是以基于建模的系统工程为基础的，这就要求从根本上重新思考生产开发的问题。所提出的数据模型实现了三个方面：层次结构，模型元件之间的相互引用和模型元件之间的典型连接。这些观点可使在 SysLM—解决方案中的功能性和逻辑性结构管理得以实现。

参考文献

[1] Anderl R, Eigner M, Sendler U, Stark R（2012）“Smart Engineering”, acatechdiskutiert. Springer, Heidelberg.

[2] Morgens MA（1980）Machine design methods based on a systematic approach. LundInstitute of Technology, Sweden.

[3] Morgens MA（2005）In：Schäppi B,, Andreasen MM, Kirchgeorg M, Radermacher FJ（Hrsg）HandbuchProduktentwick-

lung. Hanser, München.

[4] Anderl R, Nattermann R, Rollmann T (Hrsg) (2013) Das W-Modell-Systems Engineeringin der EntwicklungaktiverSysteme. http: //www. plmportal. org/forschung-details/items/das-w-modell-systems-engineering-in-der-entwicklung-aktiver-systeme. html.

[5] Bender K (2005) Embedded Systems-qualitätsorientierteEntwicklung. Springer, Heidelberg.

[6] Broy M, (Hrsg) (2010) Cyber-physical systems. Innovation durchsoftwareintensiveeingebetteteSysteme. Springer, Heidelberg (Acatechdiskutiert).

[7] Boehm B (1979) Guidelines for verifying and validating software requirements anddesignspecifications. Euro IFIP 79. P. A. Samet. North-Holland.

[8] Cross N (1994) Engineering design methods. Strategies for product design, 2. Aufl. Wiley, Chichester.

[9] Daenzer WF, Huber F (Hrsg) (1994) Systems Engineering-Methoden und Praxis. VerlagIndustrielleOrganisation, Zürich.

[10] Eder WE (2008) Hosnedl, Stanislav: design engineering. A manual for enhanced creativity. CRC Press, Boca Raton.

[11] Eigner M, Gilz T, Zafirov R (2012) Proposal for functional product description as partof a PLM solution in interdisciplinary product development. In: Proceedings of DESIGN2012, the 12th International design conference. Dubrovnik/Kroatien, Society, Design, S. 1667-

1676, 21-24 Mai 2012.

[12] Ehrlenspiel K (1995) IntegrierteProduktentwicklung. MethodenfürProzessorganisationProdukterstellung und Konstruktion. MünchenHanser.

[13] Ehrlenspiel K (2003) IntegrierteProduktentwicklung. Denkabläufe, Methodeneinsatz, Zusammenarbeit, 2. Aufl. Hanser, München.

[14] Eigner M, Stelzer R (2009) Product Lifecycle Management. EinLeitfadenfürProductDevelopment und Life Cycle Management. Springer, Heidelberg.

[15] Estefan J (2008) Survey of candidate model-based systems engineering (MBSE) methodologies, rev. B. Passadena, CA, USA: International council on systems engineering (INCOSE), May 23 2008. INCOSE-TD-2007-003-02.

[16] French MJ (1999) Conceptual design for engineers, 3. Aufl. Springer, Heidelberg.

[17] Friedenthal S, Greigo R, Sampson M (2008) INCOSE MBSE Roadmap, in "INCOSEmodel based systems engineering (MBSE) workshop outbrief" (presentation slides), presented at INCOSE international workshop 2008, Albuquerque, NM, S6, 26 Jan2008.

[18] Friedenthal S, Steiner R, Moore A (2009) A practical guide to SysML-the systemsmodeling language. Morgan Kaufmann, San Francisco.

[19] Gausemeier R, Redenius A (2005) In: Schäppi B, Andreasen MM, KirchgeorgM, Radermacher FJ (Hrsg) Handbuch-Produktentwicklung. Hanser, München.

[20] Gajski DD (1983) Construction of a large scale multiprocessor. Urbana, Ill: Cedar Project, Laboratory for advanced supercomputers, Dept. of computer science, Universityof Illinois at Urbana-Champaign (Report/Department of Computer Science, Universityof Illinois at Urbana-Champaign, no. UIUCDCS-R-83-1123).

[21] Gausemeier J, Ebbesmeyer P, Kallmeyer F (2011) Produktinnovation. StrategischePlanungundEntwicklung der Produkte von morgen. Hanser, München.

[22] Harashima F (1996) Mechatronics-„what is it, why, and how? "An Editorial. EEE/ASME Transactions on Mechatronics (1): 1—4.

[23] INCOSE-a consensus of the INCOSE Fellows (2013). http: //www. incose. org/practice/fellowsconsensus. aspx, Zugegriffen: 19März 2013.

[24] Isermann R (1999) MechatronischeSysteme. Grundlagen. Springer, Heidelberg.

[25] Janschek K (2010) SystementwurfmechatronischerSysteme. Methoden-Modelle-Konzepte. Springer, Heidelberg.

[26] Rumbaugh J, Jacobson I, Booch G (1999) The unified modeling language referencemanual. Reading, Mass: Addison-Wesley

(The Addison-Wesley object technology series).

[27] Kruchten P (1999) The rational unified process. Reading, Mass: Addison-Wesley (Addison-Wesley object technology series).

[28] Kümmel MA (19von mechatronischenSystemen. Dissertation, Universität-Gesamthochschule Paderborn99) Integration von Methoden und WerkzeugenzurEntwicklung.

[29] Lienig J (2006) LayoutsyntheseelektronischerSchaltungen-GrundlegendeAlgorithmenfür die Entwurfsautomatisierung, 1. Aufl. Springer, Heidelberg.

[30] Lind J (2001) Iterative software engineering for multiagentsystems. TheMASSIVEmethod. Springer, Heidelberg.

[31] Lückel J (2000) EntwicklungsumgebungenMechatronik. Methoden und WerkzeugezurEntwicklungmechatronischerSysteme. HNI (HNI-Verlagsschriftenreihe, 80), Paderborn.

[32] Lüdecke A (2003) SimulationsgestützteVerfahrenfür den Top-Down-EntwurfheterogenerSysteme. Dissertation, Universität, Duisburg-Essen.

[33] Kühnl C (2010) "Software gibt den Taktvor". In: [me] -Mechatronik&Engineering (2): 24-25.

[34] Johan M, Daniel S (Hrsg) (1999) A design theory based approach towards includingqfd data in product models. In: Proceedings of the 1999 ASME design engineeringtechnical conferences. Las Vegas, Nevada, USA, 12-15 September.

[35] Martin JN (1996) Systems engineering guidebook: a process for developing systemsand products. CRC Press, Inc., Boca Raton.

[36] Müller E (2012) Die Magie der Maschinen, Manager Magazin 1.

[37] Pahl G, Wolfgang B (1997) Konstruktionslehre. Methoden und Anwendung, 4. Aufl. Springer, Heidelberg.

[38] Pahl G (2007) Konstruktionslehre; Grundlagenerfolgreicher Produktentwicklung; Methoden und Anwendung, 7. Aufl. Springer, Heidelberg.

[39] Paredis C (2012) Why model-based systems engineering? Benefits and Payoffs. PLMFutureTagung, Mannheim.

[40] Ponn J, Lindemann U (Hrsg) (2011) Konzeptentwicklung und GestaltungtechnischerProdukte. Springer, Heidelberg.

[41] Pomberger G, Wolfgang P (2004) Software-Engineering. Architektur-Design und Prozessorientierung, 3. Aufl. Hanser, München.

[42] Pugh S (1991) Total design. Integrated methods for successful product engineering. Addison-Wesley, Wokingham.

[43] Rauscher R (1996) EntwurfsmethodikhochintegrierteranwendungsspezifischerdigitalerSysteme, 1. Aufl. Pro UniversitateVerlag, Sinzheim.

[44] Sendler U (2012) GanzheitlicheStrategie: Systems Lifecycle

Management (SysLM). www. PLMportal. org, PositionenausWissenschaft und Forschung.

[45] Krause F-L, Spur G (1997) Das virtuelleProdukt. Management der CAD-Technik. Hanser, München.

[46] Stephan N (2013) VorgehensmodellzurUnterstützungder interdisziplinärenundföderiertenZusammenarbeit in der frühenPhase derProduktentstehung am BeispielderNutzfahrzeugindustrie. Dissertation, FB MV TU Kaiserslautern.

[47] VDI-Richtlinie 2221 (1993) MethodikzumEntwickeln und KonstruierentechnischerSysteme und Produkte.

[48] VDI-Richtlinie 2422 (1994) EntwicklungsmethodikfürGerätemitSteuerungdurchMikroelektronik.

[49] VDI-Richtlinie 2206 (2004) Entwicklungsmethodikfürmechatronische Systeme.

[50] Walker R (1985) Applied qualitative research. Gower, Aldershot.

[51] Wolf H, Bleek W-G (2011) Agile Softwareentwicklung. Werte, Konzepte und Methoden, 2. Aufl. dpunkt-Verlag, Heidelberg.

第七章

数字化企业的目标：实现生产与产品研发的数字可视化

胡桉桐（Anton S. Huber）

概　述

软件已经成为工业领域创新的首要推动力，其重要性日益上升，发展势头迅猛。当今，商业软件已被广泛应用于现代企业的方方面面，如财务、人力资源、销售、交易流程等。但，对诸如产品研发、生产和售后服务等涉及企业核心利益领域的环节，其支持尚不健全。

为加速价值增值过程，同时确保高质量，企业已开始全力推进软件工具在其技术工作流程的使用。从企业管理层面来看，这可以理解为企业内部又存在了一个平行的数字化企业。可以假设，在可预见的未来，所有价值增值过程上的环节，包括从产品研发到生产及以后环节，都将全部实现数字化，省去构建原型等实际流程。除此以外，一个企业还要在操作流程上增加必要的投入和作出必要的调整，才能成功转型为我们所说的“数字化企业”。

很早成功应用尚未成熟的创新技术的那些所谓的“创新者”，今天也因此得到了丰厚的回报，获得了很好的企业效益。我们可以将这种开拓精神称作是一场革命。未来的企业竞争力从根本上也取决于此类技术的发展及其应用的广度与深度。

只有充分采用数字化工具和信息化技术，才能以低成本来成功研发和生产面向未来的产品。对于数字化企业来说，其产品和生产系统也须符合传统企业的“物理形态”。也就是说，所有环节可以随时进行测试，并根据需要对其进行重新设计。未来的技术工作流程必须依托于创新稳定的软件工具，因此生产进步取决于软件工具的持续发展。在软件环境如此高速发展的情况下，等到“时机成熟”再投资几乎是没有意义的。在这个技术领域贻误战机，企业就会丧失竞争力。

“工业 4.0”是一次现代信息和软件技术与传统工业生产相互作用的革命性转变。同时，这场转变也会对工业产生革命性影响。尽管信息和软件技术对工业领域的影响已有很长一段时间，但可以肯定的是，这种影响还会广泛渗透。企业在做投资规划时应牢记这一点，并作为重要参考因素。

工业领域的数字化所面临的挑战可谓是一个开放式心脏手术，困难重重。但为使数字化企业中巨大的生产潜力我们需要扫清在企业的发展和生产中的重重障碍。首先，“信息孤岛”是企业最大的障碍。“信息孤岛”问题可以存在于不同区域、不同行业、不同企业以及企业生产和运营的每一个环节中。其次，还要考虑到行业的差异性和针对不同行业由数字化企业搭建的软件平台的特殊性。然后，数字化企业的标准和开放性是实现其经济效益的关键前提。最后，必须确保应具备使数字化企业和真实企业相集成的工具和通信结构，也就是使二者之间相互融合。西门子工业自动化集团就是这种融合的贡献者和受益者。我们始终以全局性的眼光，关注涵盖产品研发和生产的整个价值链。厂商在为客户开发和定义软件产品起到决定性的作用。西门子可从两个方面帮助用户快速实现企业数字化。

7.1 数字化企业平台

当代信息技术系统在工业中支持并控制着许多流程，从产品开发、生产规划、工程与生产，直至维护保养，涵盖了整个价值链和整个产品生命周期。在过去几十年间，工具已经从当初的单一功能开始不断地日趋完善。无论是企业内部还是 IT 供应商，开发者的焦点都放在了为各自的应用程序提供最好的支持上，而不是与其他工具的交互作用或技术数据的通畅性上。尽管如此，对于流程与产品来说还是取得了很大的进步。

想要利用数字化技术建立一个涵盖价值链各环节到供应商的无缝互联数字化企业，还有很长的路要走。以目前数据技术的基础设施，想要满足信息物理融合系统（CPS）和互联网出现的新需求，可以说很困难。但针对某些特定领域的应用在经济条件允许的情况下，可以建立一个数字信息无缝互联的技术平台。借助该平台，可实现工具或应用程序的研发。不同的市场参与者还可以利用这个平台，提供具有专业性和差异性的应用程序。这种平台并不是为某个项目临时创建的，而是未来的几年里制造商与用户的一个共同目标（见图 7.1）。

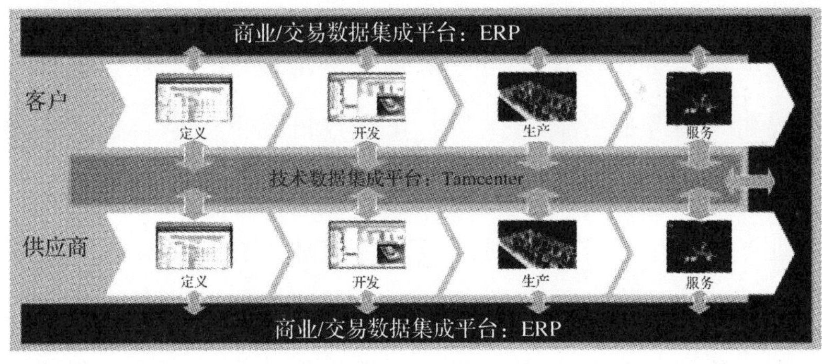

图 7.1 商业集成和技术数据平台（来源：西门子）

如今，企业生成并存储的数据已经几乎无法计量了。但只有很有限的一部分数据被有效使用，也就是说价值链中的一少部分。且数据使用的领域往往也就是数据生成的领域。但互联网的意义远不止于此——互联网理应为大家提供一切信息。因此，这些数据可以在数字化企业使用完毕之后，继续发挥它们的价值。有用的信息可以继续传递给传统企业甚至是他们的客户。

没有哪个单一系统能像互联网一样通过制造商的单一系统提供所有功能，也没有哪个单一企业能够提供实现数字化企业的所有功能。所有部件能够基于一种认可的标准来实现最佳组网和集成，例如通过互联网，是一个最优解决方案。

7.1.1　全球化、环保和可持续发展需要企业数字化

工业的变革并不是从今天才开始的，过去的一百年一直处于工业巨变的高峰。现代化的企业已将触角伸向全球，从而取代了在同一个“屋檐”下进行开发、规划、生产、维修和备件存储的旧模式。当一个集团将其产品推向市场时，来自世界各地不计其数的供应商与合作伙伴参与进来。即使是最小的企业，也能得到全世界生产商与服务商的供货。在这种情况下，来自世界各地的每一个参与方，会涉及越来越多各自国家的法律法规。这些法规需保证产品或生产方法不对环境产生破坏，相反要以环境保护为出发点。相关法律如此之多，因此企业需要使用一种软件技术，将所有的法律信息整合到一起。包括研发工程师在内，很少有人可以不借助软件工具，随时掌握法律法规对产品的要求。更无法去验证这些产品是否符合其质量要求及使用范围。所以这是企业用户及法律对生产厂商的要求。

产品生命周期和研发周期越短，就越需要一个可靠的产品规划与预测。产品生产规模越大，产品差异性越明显，其市场反应

就越不确定，因此客户与合作伙伴的配合就越重要。

数字化企业的信息基础设施和协作数据平台可以实时接收以上所有信息，并将其考虑在程序和流程中。就目前状况而言，数据处理方面已经有了很大的进步：数据生成一次，不仅可以满足单一的目的，而且还可在已定义的数据格式下满足所有可能的目的。除此以外，现有混乱的专有“数据山”或“数据岛”可以转化为一个结构严谨的数据来源。这个数据来源可以供所有在此系统内有权限的人员读取。

7.1.2 共同努力下的数字化企业

科技从来就不是一蹴而就的，今日的互联网技术也不是一天发展而成的。因此，一个可以实现数字化企业的技术平台，更是需要多年的努力才能搭建起来的。它不是灵光一现，而是由许许多多的企业、制造商和用户一步一步打造出来的。

IT 基础设施供应商、各类软件制造商尽全力使自己的产品适应各种定位。从只能加工特定数据或完成单一任务的单芯片系统，逐步向集成方向发展。也就是说，可以使应用程序尽可能基于通用数据库，同时系统结果还能以约定形式适用于其他所有应用程序。创建一个可以实现这种程序的数据技术基础设施，不是短时间之内就可以完成的。因为产品研发过程是一个大规模迭代过程，必须确保数据在繁复的变化中随时可以被长久保存下来。特别是在协作工程环节，而这一环节也是大型项目的关键所在。所以，需要考虑的要求不仅是数据格式、接口，还应该考虑通用的数据管理。因此，在关键领域必须使用统一的数据模型。

用户的任务也不轻松。他们已经在现有的 IT 环境中投入了大量的精力。就现有的 IT 环境来讲，研发和生产的水平达到了相当高的程度。用户在现有 IT 环境中生成数据、模型。这些数据与模型可以描述产品、机器、设备以及他们需要的一切。但为了实现生产力的再次飞越，无论是数据还是模型都需要从根本上重新设计（见图 7.2）。

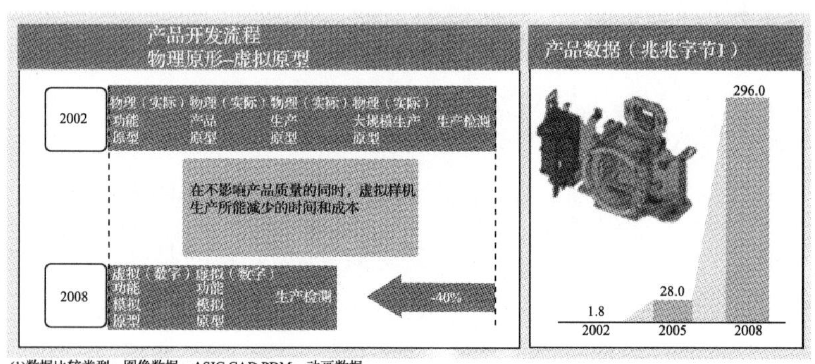

图 7.2 仿真技术对于研发流程的加速影响（来源：西门子）

新的 IT 环境必须按照数字化企业模式重新设计，以便在未来可以满足“智能联网”开发和未来生产需求。现今已有的产品和产品设备数据和模型，在未来只可以应用在类似于工厂这种小范围内。

新的生产和生产系统的情况将变得更加复杂。机械产品立体的应用和分级明确的数据库管理，将被未来功能模型为代表的逻辑数据库所代替。大型系统的仿真过程将取代既费时又昂贵的“物理原型”。仿真技术将成为未来工业生产最大的驱动力。

7.2 克服障碍

很多企业都试图避免一些不必要的早期投入。但正是这些投资，很有可能在日后就能发展成新的科技。尽管很多企业都有固定的资金用于新科技投资，但碰到此类项目，企业往往是慎之又慎。大多数情况下，企业不会将安装功能投资随意缩小。企业为确保投资在高生产力情况下进行，往往会配备性能比较好的设备。但此时，企业对投资期望值会过高，从而导致了初始投资很难达到预期，最后，后续投资只能被无限期推迟。因此，只有在初始投资时，使用恰好满足应用需求的标准配置，才不会为基础设施成本不均衡发展造成压力，从而促进进一步的增量投资，以得到足够的投资回报率（ROI）。

另一个需要跨越的障碍是：新系统通常是正在已有系统正常运行状态下被引入的。对于参与新系统改造的员工来讲，改造或研发的工作成为了他们本来已经繁重工作之外的额外负担。因此，当这些工人未能尽全力时，则会直接导致新系统运行出现问题。

第三个问题则是与工作流程有关。引进新系统时，企业要重视重新订立生产操作规程并在新的生产流程中加以实践。这样一来，员工需要在新订立的操作规程中熟悉新系统，以免因无法适应新工作流程而导致不必要的生产力损失。

在新的IT技术服务中，由于经济原因，很多软件在很大程度上都必须具备“即装即用”的特点。正因如此，客户定制化功能需要维持在一个最低的程度。未来的软件升级模式将采取全球化统一升级。如果增加定制化功能，则无法完成统一升级。

7.2.1 强大的数据孤岛：PLM，MES，SCM，DF，ERP

我们已经注意到，业内大都采用缩写的形式，命名工业企业的价值链及相关流程中的一部分。这种命名方式，可以在出现问题时迅速给以提示。各类产品的研发——从最简单的消费品到高度复杂化自动生产设备——都可以纳入“产品生命周期管理”（PLM）系统。在这个系统支持下所生成的数据，可分为若干子系统数据库。生产规划与控制、运营数据管理采集是通过子系统支持运行的。根据一个企业的不同发展阶段，其子系统可以分别归为制造执行系统（MES）和企业资源规划系统（ERP）。一些重要数据，也可以根据不同的数据格式写入不同的数据库。每一次数据的传输过程都是一个特殊、复杂且极易产生错误的过程。在研发和制造过程中整条供应链的控制可以使用供应链管理工具（SCM）。制造流程和生产设备的规划与研发由生产准备系统和工业工程系统支持，在未来则会进入“数字化工厂”时代。采购、订单处理及物流运输等管理属于交易软件功能范畴，可由企业资源规划（ERP）系统来完成。

上图所示只是IT环境的中央组件。诸如产品研发、特殊使用目的（现场测试、故障检测、人体工程学设计及数以万计的计算、仿真和分析）的子系统开发也是一个成功的企业必不可少的流程，图7.3并未将其考虑进去。

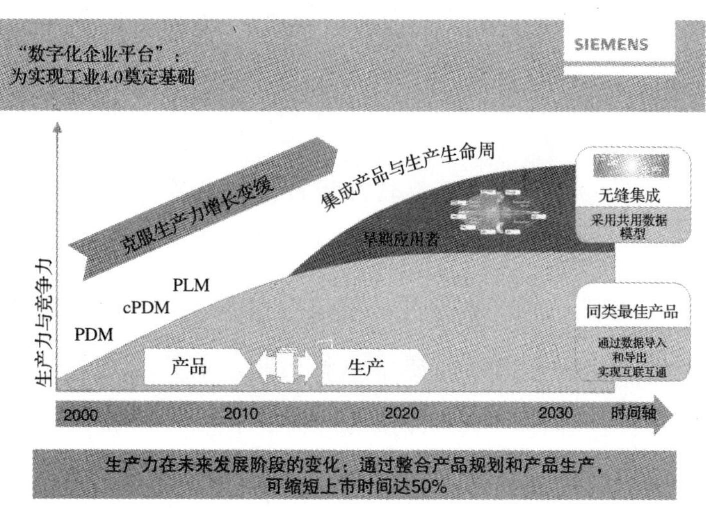

图7.3 下一阶段生产力的生命周期管理（图片来源：西门子）

虽然不同的通用数据库在一定条件下也可以实现相互对接，但这种情况下的接口维护是非常昂贵的，且容易导致整个系统的错误。

产品研发和产品维护是一个大规模重复性的过程，并经常需要进行更改。为利用现在使用的各相关接口，且为实现数据在任何形式下都自动保持一致性，其数据导入/导出过程变得相当费时。

因此，毋庸置疑，未来实现整个价值链的完整性和无缝集成，不但可以提高工业企业的经济效益，而且还可提高生产力，进而提升企业的国际竞争力。

7.2.2 整合各工程学科

未来，产品仿真和生产过程仿真将取代现有工业价值链中的各类实际生产，这不仅有利于生产力的提高，还可保证未来产品与生产的可持续性。

各种机械、液压、电子及软件组件之间复杂的相互协同可通过系统工程，实现数字化仿真和检测。

这种复杂组件的高效协同需要各个学科间极为紧密的配合，并且对所涉及的跨学科人才要求也相当高。需要所有参与者可以将其劳动成果保存在一个共同的数据库中。这个数据库可以让同一个项目的数百名工程师一起使用，且还必须保证这个数据库的实时更新与数据的一致性。

这绝不是一件容易的事。许多企业还没有办法应对这一挑战，因为这需要相关学科共同优化协同，整合出一套开发方法。在目前竞争日益激烈的环境下，研发相关费用显然也会给企业带来负担，并且有可能还会影响盈利能力。

另外，参与的工程师与部门之间因为语言和文化不同也会产生很大的困难。每一位工程师，虽然都具备很好的技能与丰富的经验，但接受的是不同专业的培养，达成各方共识的难度不言而喻。因此也能看出，未来大学和高校的教育培养方向应将注意力放在跨学科的研究与教学上。除了某一方面的专家人才外，跨学科的“复合型人才”培养也是相当重要的。

拆除阻挡在各学科之间的“壁垒”是数字化企业发展的前

提。所有类型的数据，特别是只能用数字化表现出来的数据类型，都必须保证无需复杂转化过程即可被相关参与者实时使用。

7.3 行业差异

在数字革命发生很多年后的今天，很多企业仍然幻想自身免受信息物理融合系统日益增加的复杂性和无法控制的变化的影响。半导体存储性能好且价位日趋低廉。传感器和执行器的成本越来越低，而市场上充满了具有想象力的互联网科技，其带来的小型、高精度并且高效的产品对客户极具吸引力。对于企业来说，他们就像是参加了一场违背本意也无为反抗的致命判决，但他们还不得不对随之而来的所有新科技和新的商业模式作出响应。

而且，我们不能忘记这一背景：日益增加的全球监管趋势及其相关的举证责任已经变成巨大的复杂性驱动因素。从最初有特殊规定的过程工业到兼顾可持续发展和健康问题的离散型工业，其复杂性前所未有。

从发电及配电领域直到二氧化碳排放管理领域，也进一步提高了产品和设备的复杂性。

7.3.1 大规模生产

一百多年前亨利·福特成为使用汽车流水装配线的第一人。

而今天谁也无法料到流水装备技术会达到如此完美的程度。如今，同样一个产品高品质的生产一万次，已经不再称之为“生产艺术了”。

发展永无止境。专业定制品的生产本身就如同汽车工业一样的复杂。汽车生产商在现代技术的支持下，可以设计生产出数以万计不同类型的汽车款式。正是有先进的PLM系统的支持，才能使这些差异性得以实现。商业化道路是企业需要克服的最大阻碍。当今用于产品订购、生产规划和产品生产的软件系统，是跨越阻碍的最佳办法。怎样对这个系统进行升级维护，以解决来自制造商和供应商新出现的复杂化情况，对于企业来说无疑是一个很大的挑战。专业人士的意见是：这是一个艰巨的，但并非不可能完成的任务。

定制产品的供求不仅是出自消费者市场的兴趣，更是未来几年里对于这个行业的基本要求。在人口快速增长及生活水平不断提高的背景下，生产过剩、原材料浪费以及资源被破坏等已不再能被接受。

数字化企业，在其初步的理念中，可以被看作是一个从产品研发到维护所有环节的卓越解决方案平台。

数字化企业并非只在汽车制造行业这种大规模生产行业或是原材料、高耗能行业里适用，其在电子行业的应用也同样具有意义。在产品质量方面，怎样在最短的时间里生产出最优质的产品同样值得关注。

在德国安贝格电子工厂，西门子以最高的质量标准生产了超过 380000 台 Simatic 人机界面设备，实现了每年超过 300 万台西门子 S7 系列控制器。2007 年，每百万单位生产缺陷率在 24 以下——直至 2011 年，此值下降至 15，打破全行业缺陷率最低的纪录（见图 7.4）。

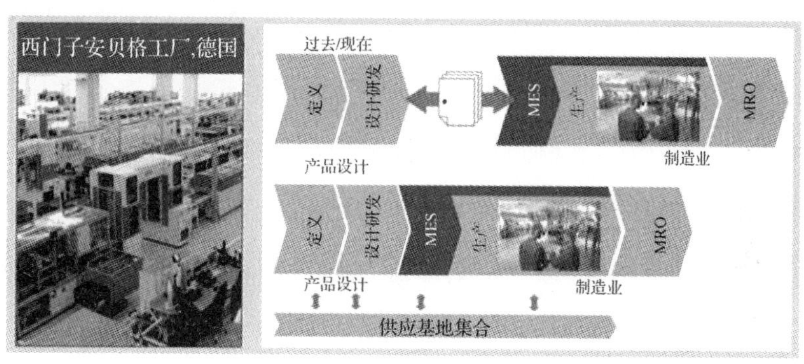

图 7.4　安贝格电子厂数据流的一致性（来源：西门子）

一套完整的 CAD 模型，可以使所有的参与者都参与到生产中来。通过 CAD 原始数据，每一个操作者都可以在屏幕上看到流水线上真实产品的实时精确图像。图片和照片的时代已经过去了。生产管理人员可以通过原始数据上的错误报告，对产品制造或设计上的问题偏差直接进行反馈，而不需要再通过对于实体的研究，找出偏差。此外，新的技术允许技术人员在产生偏差和错误的时候，立刻纠正过来，而不是错误或偏差发生很久之后，在产品的使用报告中进行纠正。

7.3.2　单件小批量生产

行业差异表现明显的另一个领域就是单件或小规模生产，比如在特殊制造业领域，尤其是航空制造业和特种船舶制造业。这些领域，研发、生产准备和生产之间并没有一个明确的界限，许多环节好像是同时进行的。因此，在此类工程中，必须同时组织多个专业项目且由多个供应商、合作伙伴参与，使其进行平行化生产。

只有在所有参与者共同参与核心体系建设的情况下，才能为这个领域赋予数字化的未来前景。无论是企业内部还是供应商，都需搭建具备灵活检索和输入功能的工作平台，所有系统内部的数据必须做到可视化。

这种工业模式的另一个特点是：经科技反复论证而得的结果可以得到大范围的推广。此类工程因太过复杂，所以无法建立一个 IT 标准，只能借助这种反复验证法，从经验中找到正确的作业方法。这种重复性作业虽然是连续性 IT 支持方面的一个优势，但也恰好是这种经验论使人们对于数字化工作流程这种新生事物心存怀疑。

7.4 数据一致性要求标准化和开放式移动系统

在国际化竞争中，企业的工作流程是导致企业间差距的重要原因。那些勇于革新，在竞争中保持自身特点的企业总能在以此获利的同时，推动整个工业的进步。要做到在竞争中立于不败之地，一方面要依赖必要的学习以及成员之间和组织内部经验的积累，另一方面需要一些必要的内部程序。每个公司都有其内部运转程序，原则上，一个程序被操作的时间越久，员工就越能在实际操作中取得经验，其企业工作效率也就越高。但因为该程序仅限在本企业内部运行，因此无法与与之相类似的程序进行比对，也无法借助市场分析来改进这个程序。

在可预见的未来，有竞争力的工作流程和软件产品不可能通过企业间的买卖来实现。未来，在数字化企业中建立的软件和通信系统必须有足够的灵活性。但为对这类系统进行统一的升级，需尽量避免个性化的特殊配置和昂贵的升级程序。虽然指向性明确的特殊定制系统无法满足统一的升级要求，但为了满足客户的个性化需求，可以在统一标准上进行研发调节，还可以在数据的提供、软件标准组件及工具的互动机制中进行改进。

数字化工业通信大范围标准化是工业 4.0 技术的前提。只有当所有参与者明确怎样接发单一系统数据时，才能建立起一个统一的集成式平台。所有的指令可以从这个平台中统一发出后再被使用。这一模式，如今已经被广泛应用在智能手机应用软件（APP）技术上了。

现有标准如 HTML、XML、DML 或 SysML 的投入使用是第一准则。目前，此行业中最大的问题是，缺乏一个标准。西门子的 JT3D 可视化格式为此做出了很大的贡献。西门子利用现有技术，在很短的时间内，研发出了 JT3D 可视化格式。从 2012 年 11 月开始，这种可视化格式已经作为 ISO 标准被广泛使用了。

也是数字化企业平台的核心元素是每一个单独程序的开放。未来市场，将没有任何理由限制数据在系统中的使用。没有系统源，那么所有用于陌生系统数据都可以进入，并在整个数据链中被整合使用。

但所有参与者必须清楚，数据安全的问题还包含一个新的含义。在工业的标准生产领域里，越多地使用标准化软件对于入口的控制就会越来越重视。因为这不仅涉及到防窃取和防未授权使用，还关系到受软件控制的企业重要流程的安全。与此紧密相关的重要措施之一，就是用户在使用过程中需要提高自身的安全意识，这些意识对于数据公开化来说是必要的。考虑到现在复杂到令人难以置信的“网络钓鱼”尝试，就知道这并不是一项很容易就能完成的任务，而这只是其中的一个问题领域。为此，所有员工都必须随时保持相应的警惕性，以保护企业免受此类尝试的打击。所有参与者在任何时刻都应当保持相应的警惕性，以保护企业免受此类尝试的攻击。这尤其是对于大企业来说，是一个重大的挑战。

当未来企业将它们的数据与产品，型号到移动终端时，数字化企业平台将会真正地适用于未来产品的整个生命周期。这一点在船只制造业和航空制造业领域尤为明显。但是在工业 4.0 技术中，电子感应器的供应商将成为这一技术的主要组成部分。是否能够通过移动的工厂技术支持克服地方、时间和终端设备的联系，在未来也将成为衡量诸如开发和生产过程等业务流程竞争力的一个重要指标。这就如同我们前面所论述的一个观点：软件的移动性越强，对于不受信任的和不被允许的数据使用的防范也就越重要。

7.5 西门子提供基础设施和工具

自 2007 年西门子公司收购 UGS 之后，西门子已经成为了自动化技术领域极具实力的软件供应商。PLM 程序为产品定义、研发及维护提供支持。除此以外，西门子还在自动化领域进行了业务拓展，如：数控技术、MES 软件和其他通用生产自动化应用程序。这些程序的应用，可以帮助您的企业在工业生产领域成为一个高效且具实力的商业伙伴。

西门子作为全球最大的工程生产制造企业，在软件产品发展方面及科技创新价值方面具有很大的影响力。

从十多万的用户体验中总结出的问题及用户体验本身对于西门子公司的产品研发起到了积极的作用，这些经验也必将影响西门子今后的可持续发展战略。

在本章中，西门子公司通过对数字化改革的阐述对外界所提出的问题给出了一些答案。本文的主旨：只有将用户与顾客相互融合，数字工业和与之相关的数字平台才能得以实现。对此，西门子在不断地寻求公开、公正的对话与交流，通过这样的交流机制，可以获得有利于数字工业平台建设的改革性意见。

第八章

作为高档汽车关键指标的连通性

马蒂亚斯·施通普弗勒（Matthias Stümpfle）㊀

赫伯特·科勒（Herbert Kohler）㊁

概　述

在汽车制造领域，工业 4.0 这个主题也越来越受到重视：汽车通过越来越多的网络化及其在云计算中的出现，以多种可能的

㊀ M. 施通普弗勒，戴姆勒股份公司研发部门，RD/R－HPC G205，70546，斯图加特，德国

㊁ H. K. 科勒，戴姆勒股份公司集团研究和可持续发展部门，RD/R－HPC G205，70546，斯图加特，德国 E-Mail：herbert. k. kohler@ daimler. com

方式成为物联网的一部分。但是这样的连通性和由此可能产生的信息化也给人们带来了挑战。

因此在本章中，我们将从汽车制造者的角度出发，通过一个汽车资讯娱乐领域的例子来探讨工业 4.0。因为这个领域的发展变化是最引人注目的。

我们的阐述将从用户在使用汽车时所感知到的特性开始，这也是一个让汽车制造商研究了很多年的课题。在一个专用系统架构的基础上，用例（Use Cases）通过连通性可以直接提供给用户，另一方面也可以服务于汽车制造商。

对汽车原始设备制造商（OEM）来说，这个话题带来的是不同的挑战。在本章末尾我们将论及这一问题。

8.1 汽车的革新与功能

汽车的发明已超过 125 年。自那时起汽车解决了人类的基本需求之一——个人机动性的需求，并且始终是我们工业社会的一个核心支柱产业。尽管最近有结论相反的民意调查，但是从我们的视角来说这一状况在未来不会有本质上的改变。

汽车扮演着一个拥有自己生活空间的角色，即在家庭和工作之后的所谓“第三场所”。因为身处这一地位，汽车的整个与驾驶过程相关的方面（比如安全系统、导航系统、驾驶辅助系统）也永远是创新多发之处。此外用户们还希望能在车里拥有另两个生活空间里所熟悉的体验（比如听广播、打电话和多媒体消费）（图 8.1）。

图 8.1　一种汽车电话的整合方案（来源：戴姆勒）

在第二种情况中特别要注意的是：这样的功能首先都是以特殊解决方案的形式出现的，而且一个接一个地和汽车构架深入整合。当这些系统在消费市场上越来越往日常消费品方向发展时——人们可观察到的例子之一是移动电话——这些功能的创新率也在上升（比如从功能手机发展到智能手机）。这一点可以由用户在汽车里使用替代设备来证实。这样，这些功能又被移出汽车，并通过比如“用户拥有的设备”再次引入汽车，并仅以蓝牙等方式和汽车相连接，由此实现控制和显示。如前所述，作为车载专用电话继任者的移动电话就是这方面的一个突出例子。媒体播放器也有类似的历程：在汽车整合了卡带式录音机之后，消费电子产品（CE）往 MP3 播放器方向继续发展，最终这种固化在车内的功能可能会被抛弃，因为用户们更喜欢使用他们随身携带的 MP3 设备，甚至只想使用一支存储棒。

当然，这些汽车上功能的引入和使用只有通过相应的连通性方案以及与之配套的（或多或少）标准化的接口才能实现。从

OEM 的角度来看，这些发展也绝对是有好处的，或者说它是这样一种转变的前提：因为新的消费电子设备所占的高比率，在汽车上实施多种功能的全面整合已经不再可能。人们更多地把功能转变到消费型设备上，并通过和汽车的连接来使用这些消费型设备。

对于与汽车相关的功能来说，整合化仍然将占据重要地位（至少在通信网络不够可靠的情况下），与此同时，消费电子产品领域也在发生着指向功能连接方向的模式转换（参见图 8.2）。

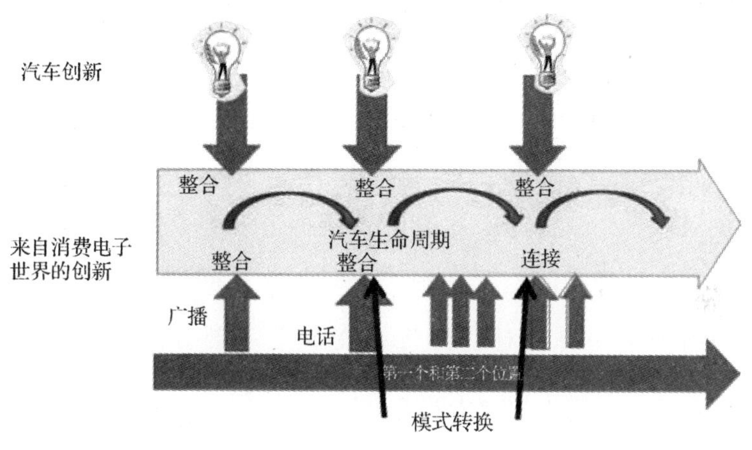

图 8.2 通过“整合进”汽车和“连接上”汽车来实现创新

在工业 4.0 语境下还有一种重要手段，也是消费电子产品的替代措施，这就是汽车和“云”的连接。这种情况下，功能和内容将通过互联网和移动电话网络传递到汽车上。在这种情况下，像前面提到的消费电子产品一样，汽车制造商控制的领域也会获得同样的益处。连接而不是整合使得功能被移出汽车，由此创新也摆脱了汽车那种很长的生命周期。

这不仅使打开通向汽车内部的路径成为可能，尤其特别的是，通过利用汽车向“云”输出数据，使由汽车往外的路径也面向新的方法和可能性完全开放。

有一个对高档车来说不能忽视的方面：假如用户忘了带手机，或者手机无法联网，在这种情况下用户会希望汽车的基本功能还能使用。因此对这一用户群来说，提供“内置的”基本功能是必要的。

8.2 系统的观点

要想在费用和时间上高效实现提到的通信方案，人们需要一种灵活的、可伸缩的系统架构。在对系统不同部分的附加值进行分析后出现了一种设计，即将在文章下一部分解释的模型—视图—控制器（Model-View-Controller）设计模式。此外还有一种系统架构，把汽车和基础设施各部分均包含在内（“虚拟汽车”）。下一部分我们将详细考察这两样东西。

8.2.1 模型—视图—控制器

模型—视图—控制器模式服务于系统的结构化。通过这种模式可以将操控和显示从实际的应用逻辑中分离出来。从汽车制造商的视角来看，这三方面所对应的内容和在信息技术语境下的含义不同，现列明如下（参照图 8.3）：

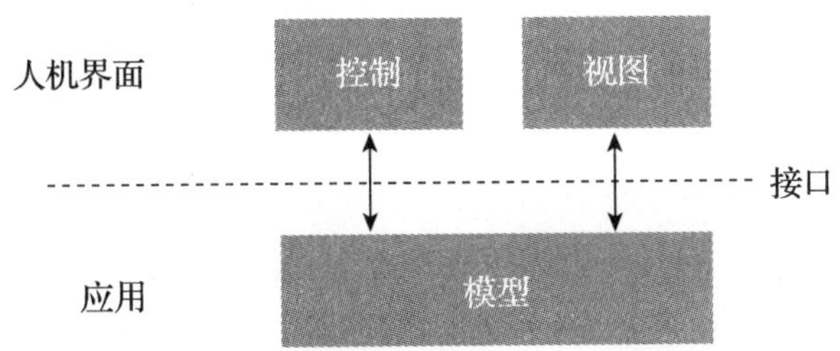

图 8.3 在信息系统软件构架上构造的模型—视图—控制器模式（来源：戴姆勒）

- 控制器 = 输入系统，如开关、旋钮/按钮、语言
- 视图 = 输出系统，如显示屏、扬声器
- 模型 = 功能，如导航、播放器、电话、空调

除了技术上的模型化，这种设计模式的优点尤其体现在塑造商业模式的需求上。

从 OEM 的视角来看，HMI——也即人机界面——通过它的视图和控制器，组成了系统中具备差异化竞争的部分。用户通过视图和控制器，也就是说人机界面，（从内部）认识了产品。对 OEM 来说这两部分可进行差异化竞争，处于核心业务范畴。

更确切地说，模型——也即实际的功能本身——在很多地方扮演着从属性的角色，因为竞争者们迟早会在自己的产品中实现类似的功能。不过，在“上市时间（time-to-market）”这个因素上是有差别的，这个概念指的是对如下问题的回答：提供某种汽车上的功能要花多少时间。

再次从连通性的视角看问题，那么 OEM 的目标肯定是：不用理会视图和控制器（这点比较容易理解，这些部分反正是被安装在汽车上了），为模型提供不同类型的可用性。目前，功能如何提供给用户通常分为三种途径（参照图8.4）：

图8.4　不同的实现模型的可能（来源：戴姆勒）

- “built-in”：该功能通过传统方式和汽车整合，并在购买时交付用户，比如通过汽车音响本体（Head Unit，资讯娱乐单元的主计算机，更早的时候是“广播”）。
- “brought-in”：用户自带的包含所需功能（“app”）的消费电子设备和汽车控制相连接。
- “beamed-in”：该功能通过与空中接口相连接的OEM后端传送进汽车。

第一种和最后一种连接途径由汽车制造商控制，而第二种方法则遵循消费电子产品市场的规范。

遗憾的是现在的系统无法为“built-in”“brought-in”和“beamed-in”这三种途径预留空间。但是基于说过的理由，这三种方式都应该提供。系统的变化多样性会由此极大提高。此外，消费电子产品厂商极少就其设备的连接标准达成一致，这样在“brought-in”方式上会额外产生特定设备的变体（比如设备上不同的操作系统)，这同样应该得到支持。

8.2.2 系统架构

作为这些功能之基础的系统架构由多个元素构成，而这些元素同在一条端到端链条之上（为了简化，涉及“brought-in”的设备未在图中列出[⊖]）：

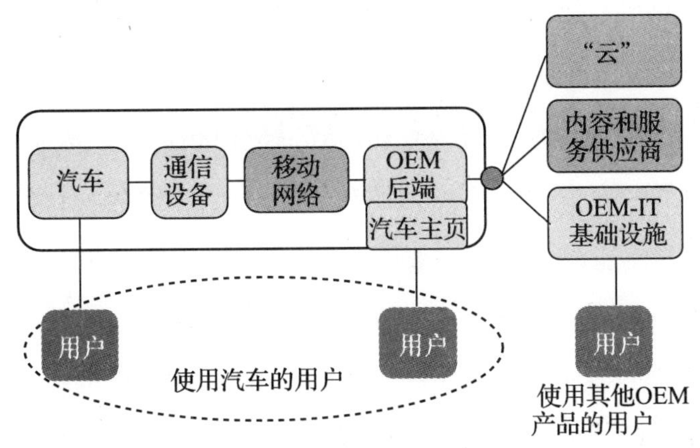

图 8.5 工业 4.0 语境下汽车的端到端系统架构（来源：戴姆勒）

汽车构成这一系统的起点（参见图 8.5）。通过一台相应的通信设备（固化在车里的通信模块，或者用户自带的、有蓝牙连接和网络共享（Tethering）功能的移动电话），借助移动通信供应商首先到达 OEM 汽车后端。

⊖ 接入消费电子设备同样分为多种情况，判别依据是应该连接该设备的哪个逻辑层：和像素图像流层相连接（即模型—视图—控制器完全置于消费电子设备上），或者和模型层连接（即通过前面提到过的接口来连接）。这些区别在这里不再讨论。

用户对汽车的使用从直接使用车内现有的显示屏和开关扩展到访问 OEM 后端提供的汽车主页（Vehicle Homepage）。

这种 OEM 汽车后端展示了在线世界里的汽车接口，并且塑造了汽车在网络里的虚拟形象。这是在车身和使能器之外的汽车操控设备，使得汽车和物联网连为一体。

此外，确保信息技术安全也是这一单元的基本功能之一。这一功能使得通过该系统与汽车连接的通道总是可靠的。(参见 8.4.1 节)

通过 OEM 汽车后端，一方面能和其他特定 OEM 信息技术系统连接，另一方面也可以与服务和内容供应商相连接，从而打开通往开放的互联网的路径。于是，连接云及其服务的接口最终成为工业 4.0 功能的使能器。对用户来说，由于互动性的提升，汽车的使用也得以拓宽：除了迄今为止在汽车使用上的传统角色外，用户现在还得到机会在基于下游商业交易的基础上和 OEM 取得联系。

8.2.3 软件架构

和其他工业一样，软件在汽车制造业里的重要性也在提高：汽车里的大部分创新都是通过软件实现的。在这里所讨论的电工和电气领域里，硬件的意义越来越转向日用品。

与此同时，必要的软件架构也越来越重要。随之而来的除了容易想到的技术目标，如解耦、可测试性和可重用性外，就是软件的结构化，而最重要的是那些与商业模式相关的课题。

如前所述，如果汽车后端成为总体平台的一部分，那么人们还需要一个支持这一措施的统一的软件架构。因此，一个用于分离人机界面各部分的接口不仅要通过有关的汽车部件来实现，还要在汽车后端里实现。于是前文所述模型与视图/控制器的分离将满足系统透明性的要求。同时，从汽车的角度出发下面这个问题可以忽略：模型是在汽车上实现，还是从汽车外部通过接口来提供。

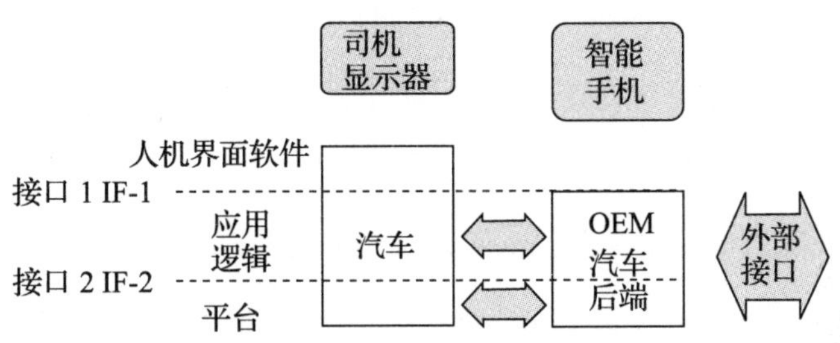

图 8.6 整体系统的软件架构（来源：戴姆勒）

这些对下面这种接口来说同样适用（参见图 8.6，接口 2）：应用（即模型）被额外分为两部分，其一为用户可感受部分，其二为与平台标准特性相脱离部分。这样，在这个“底层”上可以产生一个以商业模式为导向的结构：把无差异化部分整合在一个平台中，这个平台可以让包括竞争对手在内的各方使用。同时，特定 OEM 系统中具备竞争差异性的部分将在此接口之上以应用逻辑的形式实现。

8.3 基于新的系统方案上的用例

现在和未来，会有越来越多的基于前面所述的系统方案的各种用例出现。其中包括直接针对用户的用例以及在功能上支持

OEM 业务的用例，后者将间接为顾客所用。

8.3.1 用户角度的用例

对汽车用户来说，当然是能直接感受到的用例具有决定意义。根据分类，最首要的用例是这样的：在这种用例里，服务和数据被传入汽车供人使用，并和那里的控制逻辑相绑定。

汽车里的通信把在线通信接入汽车的好处立刻显示出来：人们可以获得最新的信息并访问那些因为数量和范围的庞大而不可能静态储存在汽车上的信息源（参见图 8.7）。

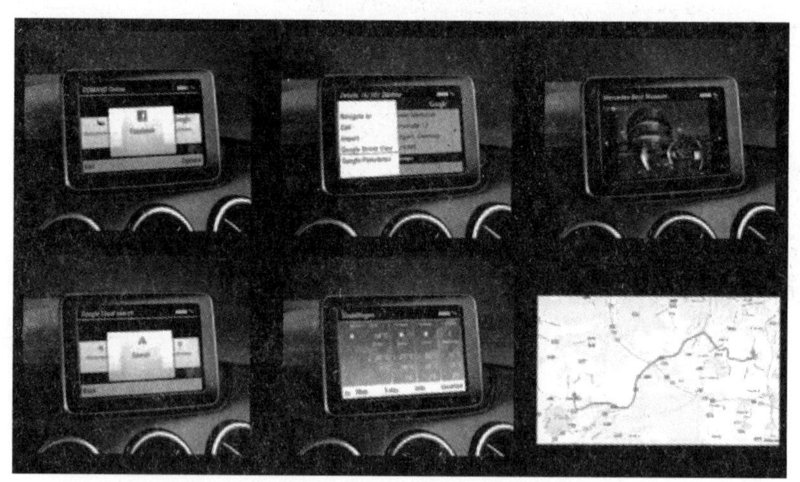

图 8.7 COMAND Online 使用来自互联网的功能和数据，由戴姆勒汽车后端提供（来源：戴姆勒）

这可能和不同类别兴趣点（Points of Interest，POI）的信息有关，也有可能和当前的交通信息有关。在前一种情况里，兴趣点在导航系统中被以检索结果的形式提供给用户，例如图片服务或者正在播放的音乐的元信息（曲名、专辑、演奏者、封面艺术）。而针对后一种情况而言，最理想的是提供比目前的 TMC（交通信息频道）和 TMCpro 更快、更精确的交通信息。

此外，在第 1.2.1 节里描绘的功能还可以通过用户自带的设备带入汽车。这样的话人机界面也会转移到智能手机上，由此可能会产生替代性的设计和操控方案，就像我们目前在市场上提供的基于 iPhone 的解决方案（“Drive-Style Kit”）一样（参见图 8.8）。

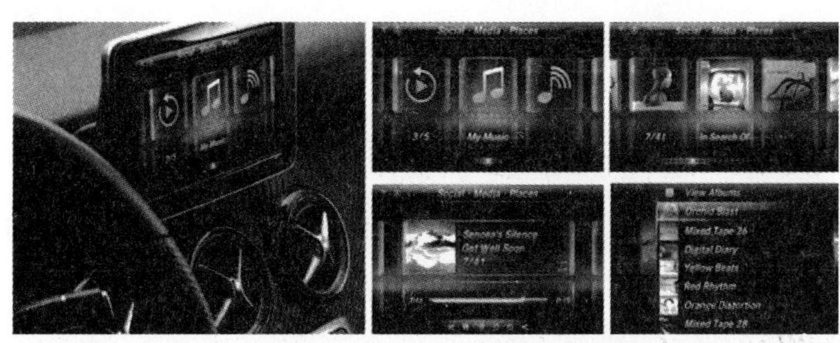

图 8.8 Drive Style Kit：为用户自备智能手机上的应用而准备的基于 iPhone 的解决方案

把汽车纳入物联网只是第一步，籍此我们把互联网引入汽车。接下来是很有趣的一步：把汽车引入互联网。

用汽车来通信在这一用例里汽车不仅使用互联网，而且自身还成为一个可见的互联网节点，由此实现了“汽车主页”的概念。汽车主页使得在车外和汽车互动成为可能，从而实现了汽车的远程访问，汽车被允许实现预处理（例如通过访问停车采暖装置或空调）或者读取当前的可抵达范围（图 8.9）。

图 8.9　在互联网内的汽车：通过汽车主页使用汽车的功能（来源：戴姆勒）

后一个用例对于电动汽车来说尤为利害相关：当汽车被接在插座上充电时，可以通过远程访问读取充电状态（或者为希望的用车时间预编程），人无需走到车旁。这种访问可以通过智能手机在路上完成，或者通过家里的 PC 机完成。

把汽车当作数据提供者对于 Car-2-X 通信来说，现在有不同的方法把来自其他车辆的数据当作内容源加以利用。目前以基础设施作为信息通道的系统更受欢迎。在这种方式下，由于无法保证在通过整个通信线路时不产生延迟，因而只有有限的用例。即便如此，已经存在的基础设施仍构成巨大的优势。比如，人们可以利用汽车进行交通预测，只要大约 2% 有数据传输能力的汽车加入，便可足够精确地展示当前的交通状况。

汽车直接相互通信的系统方法可以让等待时间足够短，足以用在诸如警报等事情上。但是这种系统目前并不成功，因为缺乏这类通信所需的技术装备和有效的基础设施。

8.3.2 公司视角的用例

由公司的视角出发，产生了另一类用例。首先是关于市场和用户紧密接合的用例，即客户关系管理。其次是描写制造商和汽车之间直接关系的用例。从某种意义上来说这是一种新的管理形式（车辆关系管理）。

所有这些议题无疑都严格遵循不同市场上关于信息保密和信息自决权的法律指导方针。

客户关系管理——如果制造商已经通过汽车与售后系统之间的连接，和车辆用户一起得知了关于汽车磨损状况的信息，那么制造商就可以在问题发生之前——也即需要修理之前——向用户发送有针对性的信息，这有助于汽车保值。同时在另一方面，用户根据制造商的提示去修理厂检车，这无疑也加强了两者之间的联系。

即便是在行车途中碰到要修理的情况，用户同样可以通过远程诊断获得有针对性的帮助：除呼叫紧急救援中心外，汽车本身的信息也被提取出来，这些信息可以提示现场维修技师哪里发生了损坏以及需要哪些必要的备用件。

紧急呼救系统也可打造成这类系统的变体：汽车在碰到事故时，除发出警报外，还把事故发生过程和损害严重程度发送出来，这样获得相应信息的救援机构可以更有目的性、更迅速地展开救援。

车辆关系管理——车辆状态信息不仅可以向用户发送，对制造商来说也具有非常实际的用处。从关于系统使用和车内功能的信息中可以得出对开发和销售有用的推论：某种车内功能是受用户欢迎还是被打入冷宫？哪些功能的使用尤为频繁？

通过伴随着开发过程运转的汽车诊所或者试车后的抽样调查，这类问题还可以从完全不同的统计基础上提出。权衡在车里安装哪些必要的传感器，以及它们传输数据的花费和可实现的用途，肯定会成为这种设计的重大挑战之一。

8.3.3　下一步：上下文感知系统

除了已经描述过的解决方案之外，越来越多的应用集中到和其他系统的信息供应相关的焦点上：其他车辆或者信息及内容源——比如社交网络、个人日历和地址本——自愿提供它们的信息。（这里暂不考虑数据保护问题，此问题留在8.4.1节讨论）。这些信息源通过适当的“智能”关联，可能会产生新的服务与供给。对于使用者来说，这些在其他地方被称为“信息物理融合系统”的系统创造了新的附加值，因为不这样的话系统就会自己去执行一种高成本的信息组织与合并，并且未必会明确地顾及使用者。人们由此在一个更高的层面上做到了让用户只需执行少量操作便可获得想要的结果。在汽车驾驶这样一种情景里，这样做带来的价值是巨大的，因为它直接处理了司机分心问题：操作步骤越少，司机就越少分心。

目标是在所有等级（参见图8.10）减少司机的操作动作，借

此减少司机可能的分心。

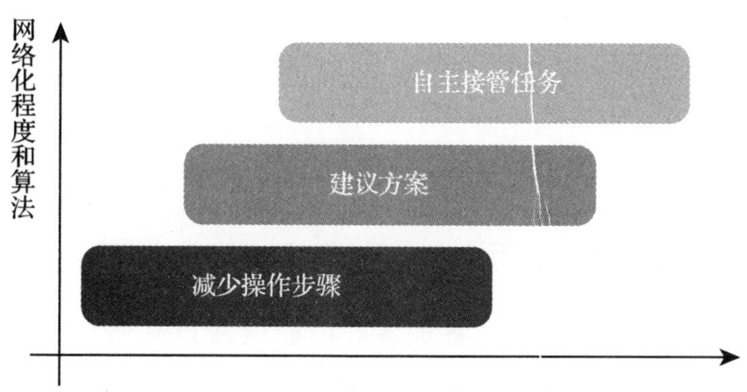

图 8.10 信息网络化等级以及由此产生的在上下文感知系统中的可能用例（来源：戴姆勒）

顺着往自主行为的方向发展的步骤是容易理解的，最重要的是它受限于系统网络化程度以及相应算法的有效性，而实现它们也要花费一定时间。

在网络层上开放接口和开放标准是必不可少的，原因是信息必须由不同的工业合作方（如汽车制造商、云服务、搜索引擎经营商等）聚合起来并再次向外提供。为此面对的一项重大挑战是：合作方之间的均质世界不可能自动向其他合作者转移，而是向前面提及的必要的开放标准迁移。借此人们也拥有了一个迅速实现产品方案的操纵杆。

8.4 挑战

对汽车制造商来说，上面描述的汽车信息化世界无疑也隐藏着危机和挑战。对此我们将讨论如下三个不同的话题：首先是关于信息技术安全的话题，然后是 OEM 组织内部因必要的跨部门流程而产生的挑战，最后谈一谈向高端用户提供符合质量要求的内容的问题。

8.4.1 信息技术安全和数据安全

汽车连通性的增强和各式各样的联网通道必然伴随着风险。特别令人担心的是针对网络化汽车的网络攻击。为了防止这类损害事件，需通过车辆和服务上的恰当措施来确保建立一种合适的车用信息技术安全防护等级。只有这样才能让顾客长期保持对产品及服务的信赖，因此数据保护和信息安全在戴姆勒公司具有高优先权。不允许司机和物主的个人信息落入陌生人之手，也不允许在驾驶系统的各项功能上做手脚。

实际上，网络化汽车和个人电脑及智能手机世界间的共同点越来越多。从技术上来看，至少通信和信息娱乐系统是建立在同个人电脑及智能手机类似的操作系统上的，而且它们同后者一样，不但在娱乐领域（比如 CD/DVD，串口，USB，WLAN，蓝牙）而且在诊断及维护领域（OBD II 等）都提供了大量标准化接口。

从另一方面来看，也存在着区别：和个人电脑及智能手机不同，汽车内的信息技术系统由大量设备（电子控制单元，ECU）组成，它们通过各式各样的总线彼此相连。目前的产品系列使用了许多 ECU 以及最多可达 10 种的总线。与其说这样的汽车相当于一台单独的计算机，还不如说它像一个局域网。大量 ECU 实现了作为“嵌入式设备”所明确定义的功能，并且满足了极高的有效性、实时性和可靠性要求。通常它们完成任务时并不需要与用户直接互动。此外，汽车用户的预期和许多个人电脑的私人用户也不一样：碰到问题时汽车用户将向客服、维修站或修理车间寻求帮助。

面临哪些风险？除诸如汽车部件或者整车被窃这样的“传统”风险之外，现在还要考虑典型的信息技术风险，比如，信息技术在汽车上的应用对汽车及用户数据的保密性和完整性可能存在的危害，以及对驾驶功能有效性的危害。其他风险还包括不付费就使用服务、“破解”禁止拷贝的软件等。这些都会导致直接经济损失，同时用户会对汽车和市场失去信心。

未来的个人机动性越来越多地借助于 car2go 这样的汽车共享服务，在这种系统上做手脚的诱惑也会上升，比如用来免费驾车。更严重的情况是让“匿名”用户直接使用汽车。

有一类攻击者是黑客和所谓“脚本小子”，他们在个人电脑和智能手机世界也为人所熟知。这些人更多是为了原则而攻击一辆汽车，但也有可能是犯罪甚至有组织犯罪。可以预计的是，针对汽车也会形成类似的恶意软件竞赛。

在汽车领域还要留意的是，袭击者也可能是工厂及服务技师。他们因为拥有特殊知识和相应工具而具备针对车辆的特别权限。车辆所有者有权通过诸如芯片改装的方式改动自己的汽车。对于这种特殊情况，出于功能安全性考虑以及可能导致的产品责任问题，要让车辆不会在未经察觉的情况下就可以改动——在某些情况下要考虑到汽车主人本身就是“攻击者”。

如何保护汽车？像前面阐述的那样，汽车的信息技术系统由多个仪器组成，彼此通过不同的总线相连接。在这里网络化是这样塑造的：不同的功能领域（即诸如驾驶功能、信息娱乐、便利性功能等领域）使用不同的网络部分，特殊的网关被用来确保这些部分之间的通道畅通。

通过戴姆勒汽车后端实现了对互联网以及基于互联网的服务的访问。在中心部位部署有病毒扫描器、攻击防护机制以及网页过滤器。当有人通过互联网和新发现的漏洞发起针对车辆的攻击时，中心可以同时迅速地为所有车辆导入必要的反制措施。为了保证车辆及用户数据的保密性和完整性，部署有信息技术界所熟知的安全机制，比如公钥加密、证书、防火墙和病毒扫描器等等。同时也会使用 TLS、IPsec、WPA2 这样的证书，以及由德国联邦信息技术安全办公室（BSI）和美国国家标准及技术研究所（NIST）最新推荐的算法和密钥长度。此外，戴姆勒汽车后端和汽车之间的通信连接也由合适的安全机制加以保护。

汽车的信息技术系统是（近）实时系统，其本身是极为仔细地根据各自功能设计和开发的，并要经受强化的质量和安全性测试，其中包括内部和外部专家进行的渗透性测试。汽车的信息技术系统被设计成“封闭式系统”，这是指只有可信赖的、经戴姆勒认证的软件才能被安装。跨厂商的工业标准 HIS（Hersteller Initiative Software）确定了整个软件的更新流程。

和个人电脑及智能手机不同，汽车一般都是根据推荐的时间间隔进行维护的。可以利用这种时机安装软件更新。由于汽车越来越多使用互联网连接，未来无论在家庭车库还是公共停车场，更新都可以通过远程“空中下载（Over-the-Air）”来进行。软件升级也许并不需要司机的直接干预，但是即便如此，在行车过程中也不可进行升级工作。

8.4.2 跨部门的流程和工具

除了上面已描述过的，越来越多的信息化带来的挑战也出现在制造商内部的生产单位之间。为达到产品的要求，公司内部跨部门合作从未像现在这样必不可少：一方面通过连通性产生有吸引力的产品，另一方面则必须借助有效的公司内部流程，通过横向及纵向一体化来实现（图 8.11）。

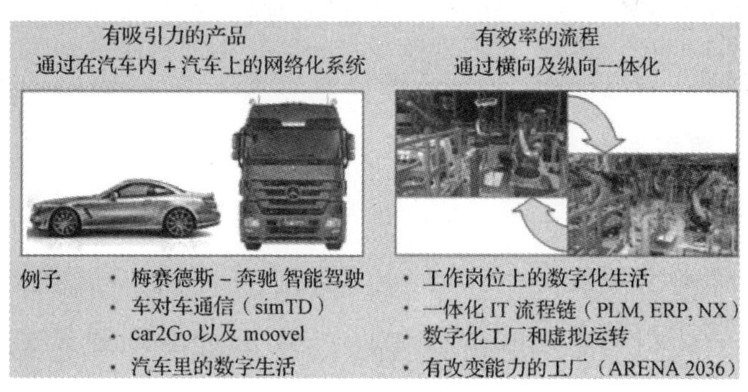

图 8.11 工业 4.0：双重挑战和面向未来的多种机遇（来源：戴姆勒）

为此公司内部为了产品生命周期管理（PLM）和企业资源规划（ERP）而部署的系统理所当然地具有重大意义，因为它们是通用性流程链的根基（见图 8.12）。

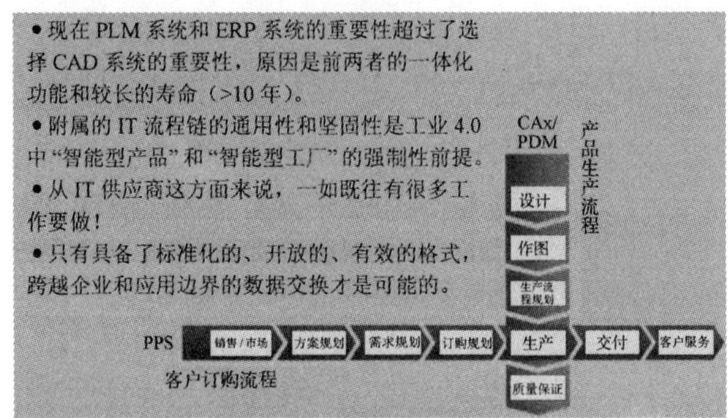

图 8.12　流程链的通用性

协调的客户订货及产品生产流程是未来环境里成功商业的首要前提。然而，还有其他流程在产品生产之后才体现出其重要性，它们同样需要被协调化。

除此之外，销售和售后流程同样有必要整合，以便能够展示上面表述的用例（客户和车辆关系管理）。公司内部这些部门的无缝连接是一种挑战，它只能通过开放的标准去解决，而不能指望有一个覆盖所有相关领域的工具。

8.4.3　内容

如前所述，通过提供连通性以及在车内外执行相关应用（App）的可能性，解决了让用户以各种面向未来的方式使用汽车的基础。然而，持续和定期的使用以及由此带来的客户关系的显著强化只能通过如下方式达到：用户可以访问感兴趣的和重要的数据及服务，并由此产生真正的附加值。这就是说，内容的质量具有决定性意义（参见图 8.13）。

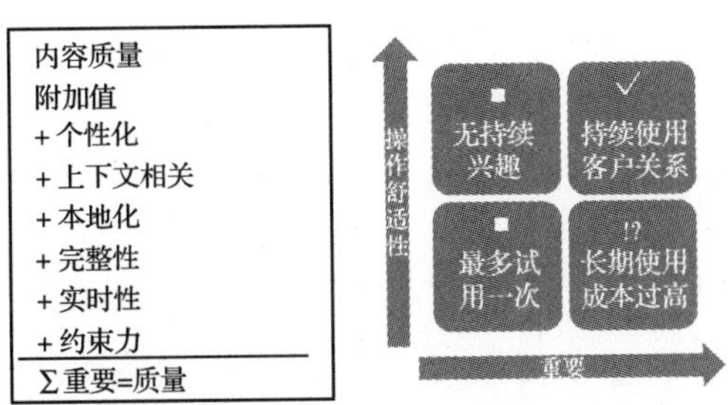

图 8.13　内容的质量（来源：戴姆勒）

当前产品的内容（从而也包括应用/功能）必须从多维度满足高档标准的质量要求，这样才能为客户提供附加值。只有满足了这些要求才足以吸引顾客长期使用，并由此建立长期客户关系。

有一些内容，比如社交网络内容、传统的网页和门户网站，已经无需 OEM 的协助就可得到。

重点是要像前面描述的那样让这些内容在车内也能用。还有一种类型的内容无疑特别重要，它们尽可能准确地满足车辆使用者的需要，比如旅途信息、天气信息、基于语言的服务、加油站信息等。

下面以电池驱动的汽车为例，来阐述一下在内容这个课题上按照工业 4.0 的要求会怎样发展。在这种复杂环境下，用户会产生非常特殊的信息需求。因为一方面，相对于传统汽车，纯电动车的可到达范围较小。另一方面，现在只有相对较少的公共充电站可供使用。司机面临着这样一种潜在挑战：在短时间内、在附近找到一家空闲的、公共的充电站。同样极为重要的是，充电桩提供的是什么样的插头和多大的设备功率。快速充电可以让人迅速重获机动性，逗留计划以及进一步的旅途安排都因为快速充电而获得更多的可能性。

典型的充电过程持续几分钟到几小时，在充电等待时间有什么额外的便利之处就变得很重要：附近有没有咖啡贩卖机？有没有餐馆、购物中心或者画廊？简要来说就是司机需要关于充电站及其周边环境的广泛的、适合自己的信息。当然，充电桩未必是空闲的，如果被占用，恐怕会持续几小时。因此出现了这样的需求：提前获知充电桩的状态（限制/占用），只有当充电桩空出来时才驱车过去。然而，为确保司机找到空闲的充电桩，这样做还不够。司机还需要充电桩经营者提供的有约束力的远程订位服务，为某段合适的时间预定一根适用的充电桩。

为了让服务和内容在跨区域范围内乃至国际范围内待命备用，为了让驾驶电动车的旅行成为可预见的，人们需要标准化的步骤、接口以及用来统一市场参与者数据的中心平台。这些参与者包括充电桩经营商、通信系统经营商和 OEM。单一厂商无法负担此笔费用。

在这一背景下，HUBJeCT 有限公司于 2012 年 3 月成立（www. HUBJeCT. com）。这家由宝马集团、博世、戴姆勒、巴登—符腾堡能源集团、莱茵集团和西门子联合经营的公司给自己设定的目标是：通过打造开放数据平台和相关服务来减少欧洲电动车使用的障碍（图 8. 14）。

图 8.14 HUBJeCT：工业 4.0 里内容供应的例子（来源：HUBJeCT）

在电动车这种情况里，要想成功引入一项新的技术和基础设施，必须激励足够数量的市场参与者。除了最终客户外，电动车领域最重要的市场参与者是能源商、充电桩经营商、OEM、通信系统经营商和信息技术集成商。同时，政府通过诸如推动、纳税这样的管理手段对市场行为有巨大的影响力。

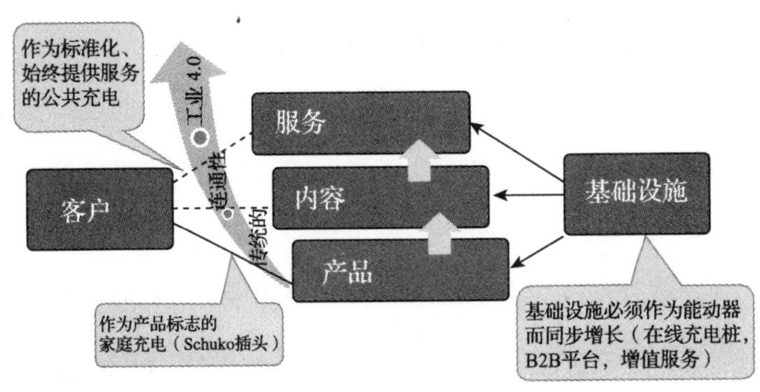

图 8.15 客户—使用关系的转移（来源：戴姆勒）

对目前的产品来说，人们提供内容，是把它作为产品使用的能动器。此外传统的用户—产品关系持续在向用户服务方向转变（参见图 8.15）。

在这种复杂的环境里，只有通过商定的“工业 4.0”联合，才能找到必要的让各方共赢的方案。来自关键行业的重要的市场参与者作为合作人介入，所有的市场参与者都受邀加入平台。这样初始投资由多家分摊，同时服务的标准化也解决了投资安全和信任问题。所有内容都来源于参与者从他们的充电桩往平台上传的东西。由 HUBJeCT 实现数据聚合及质量保证，并向 HUBJeCT 的合作方提供统一的总数据库存。

这里可能会出现这样的问题：服务及内容的合并是否为竞争差异性留下了足够空间？这个问题可以这样解决：这种平台只限于公司对公司的业务，而不直接面对终端用户。这就是说，每家平台参与者对自己的客户享有未被缩减的主权，可以把“共用的”内容和服务包装集成为某个牌子的产品。这是一个清楚的也是必要的工业 4.0 使能器。

8.5 结论

从汽车制造商角度出发，已经有许多基于“工业 4.0”口号下的议题走在实现的途中。不少被讨论的议题不但可以在产品里，而且也能在生产、销售和售后流程中找到，比如越来越多的信息化、信息物理融合系统和物联网。它们的基础是已经存在的或者刚刚诞生的事实。就这点而言我们更多地视工业 4.0 为一种演化，而不是一次革命。

然而，这些课题成功的关键所在还是不同方法的整合，而数据交换的开放标准正是其中的焦点。更何况未来许多课题只有通过多个工业及商业伙伴的联合才能实现——这是成熟的工业 4.0 重要的一点。每个合作方都是自己内容的所有者，但是合作方之间的接口必须控制在安全层面。这并不是说要统一成一个单一标准，因为有太多不同的要求。但是必须存在一组开放接口，所有合作方都能平等地用它们来工作。从我们的角度来说，这是最大的挑战，但也是工业 4.0 最大的机会。

跋

1997 年，我第一次来到中国，这个我一直向往的神秘的土地，开始了我在中国的任职。

这一年的 6 月，广州地铁一号线建成并投入试运营，广州成为中国继北京、天津、上海之后，第四个建有地铁的城市。11 月，举世瞩目的水利工程长江三峡大江截流成功。中国由净进口国成功转为净出口国，制造业发展方兴未艾。

2002 年，我再次回到中国任职。这时，中国已经成功加入世贸组织，这一历史性的事件给中国制造业，尤其是与进出口相关的制造业带来了巨大而深远的影响。

而到 2013 年，当我第三次来到中国任职时，中国已经成为了名副其实的制造业大国，对世界制造业产值的贡献超过五分之一，同时，和其他国家一样，中国也面临着全球化和金融危机的挑战。

中国制造业，在以一种前所未有的速度发展及变化着——而它也是全球制造业的一个缩影。

纵观工业历史的发展长河，从 19 世纪初到今天，人类经历了三次工业革命，分别以蒸汽机的使用、流水线的出现和电子信息技术的使用为标志。如今，数字制造技术越来越普及，它正在对传统的生产方式和观念进行一场革命，而这一次工业革命，将引领我们走向“工业4.0”的时代。

在本书中，各领域的专家已经对“工业4.0”时代的制造业做出了阐释，我认为这些探讨和研究对于中国制造业发展意义重大。目前，欧盟希望增加制造业在经济增长中所占的比例。在2020年前，该比例从目前欧盟国家平均值的16%增加到20%；英国希望通过“再工业化”的新手段和新政策，增加商业投资和交易量；美国则正在计划一场“工业复兴”，颁布了全美制造业创新机制，探索各种可能，试图回到以制造业为主体的经济模式上来。

在中国，制造业正经历着从“中国制造”到“中国创造”的转型。政府颁布了许多令人振奋并前景大好的计划和政策，投入了大量的投资和努力，帮助中国的制造企业从劳动力密集型转变为知识及技术密集型。对于中国的制造企业来说，他们不仅需要与国内的对手竞争，还需要与来自再工业化的传统工业强国，以及其他新兴的国际化对手竞争。

正如一句中国古诗所说：“欲穷千里目，更上一层楼”，我衷心地希望，中国——这个我工作和生活了十年的国家，能够博采众多先进制造业发展的理念与方法，在下一轮工业革命中，用全新的视野抓住机遇，使中国制造业更上一层楼！

吴和乐 博士

西门子（中国）有限公司执行副总裁

兼工业业务领域总裁